Gabriele Gran **Verliebt in Dich**

Gabriele Gran

Verliebt in Dich

Gabriele Gran über ihr Eintauchen in
andere Kulturen – und wie daraus Frieden
für die Menschheit erwachsen kann

Bibliografische Information der Deutschen Nationalbibliothek:
Die Deutsche Nationalbibliothek verzeichnet diese Publikation
in der Deutschen Nationalbibliografie; detaillierte bibliografische
Daten sind im Internet über dnb.dnb.de abrufbar.

Herstellung und Verlag:
BoD – Books on Demand, Norderstedt

ISBN: 9783746089522

Widmung

‹Verliebt in Dich› widme ich
meinen Nachbarinnen Christel und Bölkchen,
meinen Freundinnen Karin und Edda,
meiner Nachhilfeschülerin Greta und
meinem Journalisten Birger Bahlo.

Biografisches

Gabriele Gran studierte Fachübersetzen Englisch und Französisch an der Universität Hildesheim. Sie arbeitet heute für die Volkshochschule Husum/ Tönning und erteilt Nachhilfe. Sie lebt in Tönning und Port El Kantaoui/Tunesien.

Inhaltsverzeichnis

Vorwort	10
Hallo Wind	14
Verweilen und Teilen	15
Mein Glitzerstein	17
Wo seid ihr?	18
Der Sargnagel	20
Schweigen ist Mist	21
Obwohl	22
Zweisamkeit	23
Die Einsamkeit	24
Mein neuer Wecker	25
Du und ich	27
Mein Glücksfall	28
Eine Suppenkelle Verliebtsein	29
Wohin?	30
Der neue Teppich	31
Die Liebe – Zauberin	32
Sauber getrennt	34
Endlich FREI!	35
Ich liebe DAS	36
Bonnes Vacances	37
Senegal: Der Weg zu meiner Hütte	39
I Had a Dream	41
Schalom Ezra	55
Wundervolle Türkei	56
Erna, du geliebte Stubenfliege	68
No Clean Today?	72
Zündhölzchen der Liebe	73
Let Go – Let God	79
Lass los und lass den Ewigen	80
Smile	81
Lächle	82
Die Falle	83
Distel oder Schmetterling	84
Es irrt der Mensch solang' er lebt	85
Eine kleine Tanne	86
Nicht weinen nur warten	89

Mein Kind werde Du stille 91
The difference 92
Der Unterschied 93
Die Liebe 100
Das Himmelreich 101
Gebet zur Nacht 102
Danke du heutiger Tag 103
Das sprechende Bett 104
Eine wunderschöne Tür 106
Festhalten 107
Fensterbrechen 109
Briefwechsel mit Gott 115
Gedankensplitter 120
Ich schreie nach Licht 121
Sehnsucht 122
Augenblick 123
Der verlorene Schatz 124
Der Umzug 129
Geschwisterliebe 132
Meine geliebten Moecks 134
Meine Buchenlandweihnachtsfeier 138
oder im Paradies der Erinnerungen
Liebe Mutti 141
Er 142
Die roten Schuhe 149
Kevin im Zauberland 156
Frau Müller von Kevin Clottey 159
Meine Spinne 162
Kevins lustige Aussprüche 166
Hund und Herrchen 171
So nich 173
Es passt nicht 174
Sind wir so? 175
Die Erbschaft 176
Lörn jur Inklisch 178
Regentropfen 181
Meine Kostbarkeit 183
Ein Badeanzug Gr. 36 jammert 185
Der Verzicht 188
Schrumpelige Pelle, glatter Kern 189

Vorwort

Schreiben war schon in meiner Kindheit meine Lieblingsbeschäftigung. Eine Adler Triumph Schreibmaschine bekam ich mit 12 Jahren - und dies trotz unserer Armut, aber davon erzähle ich Euch später. Mit 13 war ich bereits eine kleine Redakteurin. Für unsere Schülerzeitung ‹Wir› schrieb ich regelmäßig. Schon immer neugierig, geschwätzig und mitteilsam, interviewte ich super gerne andere Leute. Mein Spitzeninterview war 1960 eines mit Prinz Mashour. Mit meiner Mutter war ich in Wildbad (Schwarzwald), ein Kurort mit Thermalquellen. Dorthin kam der kleine etwa sechsjährige Lieblingssohn vom arabischen König Ibn Saud. Ein ihn liebevoll umsorgendes Gefolge begleitete ihn. Prinz Mashour sollte sich nach einer Erkrankung erholen. Ein Bein hatte er in Gips. Prinz Mashour und sein Gefolge wohnten im feinsten Hotel. Sicherlich wurden sie von der Öffentlichkeit abgeschirmt. Jedoch, wenn ich etwas wollte, setzte ich es auch durch. Ich wollte den kleinen Prinzen unbedingt interviewen. Kurzum, wie meine Freundin Erika stets zu sagen pflegte, gelang mir ein Interview mit ihm.

Nun möchte ich mich jedoch erst einmal vorstellen: Am 17. Januar 1945 wurde ich in Uchtspringe, heute Stendal, geboren. Meine Mutter war Schneiderin und mein Vater Architekt und Kunstmaler. Einen Bruder habe ich noch, er ist vier Jahre älter als ich. Meine Kindheit verbrachte ich in Metzingen, meine Jugend in Celle. Meine Eltern hatten es sehr schwer. Als Flüchtlinge waren sie nach Deutschland gekommen.

Das Fußfassen im Nachkriegsdeutschland gestaltete sich schwierig. Viele Sorgen brachte das Leben für unsere kleine Familie. Eingeschult wurde ich noch in Metzingen. Von unserem Leben in Metzingen muss ich Euch unbedingt folgendes erzählen: Im Nachhinein muss ich immer lachen, wenn ich nur daran denke: Wir lebten zunächst in einem Schweinestall. Mein Vater baute für uns vier Leutchen aus Brettern ein Bett. Jeden Tag war er sich sicher, dass dieses in der folgenden Nacht halten würde. Wir Kinder bewunderten ihn hierfür. Jedoch: Jede Nacht krachten wir samt Bett zusammen. Ich nehme an, wir Vier drehten uns alle gleichzeitig um. Krach bumm, da lagen wir nun auf dem Schweinestall-Betonboden.

Regelmäßig brachte der Bauer seinen Schweinen Futterkartoffeln. Sie dampften und sahen richtig lecker aus. Bevor sich die grunzenden und stinkenden Schweine auf sie stürzten, sausten wir in Windeseile zum Futtertrog. Wir klauten, bevor die vor Freude grunzenden Schweine den Trog erreichten, ein paar dieser Köstlichkeiten. So hatten wir jeden Morgen ein warmes Frühstück. Ich hatte jedes Mal besonderen Schiss vor diesen Viechern. So beeilte ich mich besonders, um ihnen zuvorzukommen.

Der Bauer war ein echter Geizhals. Auf seiner Wiese wuchs ein herrlicher Birnbaum. Seine Zweige waren voll mit leckeren Birnen. Sie hingen herunter. Wegen meiner Zwergengröße konnte ich dennoch keine einzige erreichen. Da halfen auch meine Luftsprünge nicht. So war ich schon überglücklich, wenn ich eine Birne auf dem Wiesengrund fand. Ich hoffte, dass diese nicht schon vor mir von einer ebenso hungrigen Biene entdeckt worden war. Ich hob also eine heruntergefallene Birne auf, wollte gerade hineinbeißen, als der Bauer mich von weitem erblickte.

Wütend schwang er seinen Krückstock in die Luft, gestikulierte unmissverständlich damit herum.

Er schimpfte und brüllte wie ein Rohrspatz. Dann kraxelte er mühselig, jedoch so schnell er konnte, durch die Wiese in meine Richtung. Nun kam mir meine Zwergengröße zu Hilfe. Ich krümelte mich so doll zusammen, dass selbst die blauen Glockenblumen höher waren als ich. Der Bauer schrie noch wütender, stolperte an mir vorbei. Tonlos kichernd genoss ich meine köstlich süße Birne.

Ja, und noch etwas muss ich euch unbedingt erzählen. Als Kind verschaffte ich mir Respekt vor den Großen, indem ich ihnen eine knallte. Bevor die großen Jungs auf die Idee kommen könnten, mir etwas anzutun, hatten sie schon eine sitzen. Noch lebhaft erinnere mich an Heinzi. Heuchlerisch rief ich: ‹Na, Heinzi›. Kaum antwortete er mit ‹Häh›, rumms, da hatte er schon eine sitzen. So schnell ich konnte, raste ich dann die steile Treppe zu unserer kleinen Zweizimmer-Dachwohnung hoch. Hörte meine arme Mutter mein Treppengetrappel, wusste sie schon, wir würden zwei Tage kein Wasser haben.

Warum, wieso? Heinzis Mutter gehörte das Häuschen, das uns nach dem Auszug aus dem Schweinestall vom Wohnungsamt zugewiesen worden war. Mit dem Wasserentzug rächte sie sich für meine Prügelattacken an ihrem Heinzilein. Sorry, Heinzi, falls Du diese Zeilen liest … Aber ich biege mich bei dem Gedanken noch heute vor Lachen. Wirklich sorry, Heinzi.

Bald ging es nach Celle (siehe auch ‹Der Umzug›). Die meisten Kinder, mit denen ich meine Schulzeit teilte, waren blond und hatten blaue Augen. Mit meinem tiefschwarzen Lockenkopf und der leicht gelblichen Haut fiel ich auf. Die Blonden aßen Äpfel in der Unterrichtspause, ich dagegen biss mit Genuss in eine grüne Paprika. Sie starrten mich an, als hätten sie noch nie einen Menschen gesehen. Die Welt der Kinder war damals viel kleiner als heute.

Im Mittelpunkt zu stehen, das genoss ich sehr. Ich liebte schon immer ‹die Bühne›. Nicht gut fand ich ihr Gelächter beim Anblick meiner roten Halbschuhe. Da wir so arm waren und keine neuen Schuhe kaufen konnten, kam mein Vater auf eine Super-Idee. Er schnitt die Schuhspitzen einfach ab. So hatten meine Zehen wieder ausreichend Platz. Die einheimischen Kinder schüttelten sich vor Lachen. Heulend versuchte ich sie zu überzeugen, meine Schuhe wären schon so gekauft worden. In meinem Schmerz dachte ich nicht daran, dass sie doch noch am Vortag geschlossen waren. Das war ein Drama! So war das auch mit der von meinem Bruder geerbten grünen Turnhose. Die einheimischen Kinder trugen alle eine schwarze Turnhose. Hier ging das Gelächter schon wieder los. Sehr fleißig und ehrgeizig überwand ich trotzdem alle Klippen. Meine Schulzeit an der Kaiserin-Auguste-Viktoria-Schule in Celle schloss ich mit dem Abitur ab.

Viel Spaß beim Lesen meiner Geschichten – und immer daran denken: Ich bin ‹Verliebt in Dich›.

Tönning/Nordfriesland, 2018

Hallo Wind

Hallo Wind, woher kommst du denn zu dieser frühen Zeit?
Ich träume doch noch, bin zum Plaudern noch gar nicht bereit.

Hallo Wind, na klar, freue ich mich,
und das sogar sehr.
Dachte schon, du kämst gar nicht mehr.

Hallo Wind, schon so lange habe ich dich vermisst.
Wen hast du denn in der letzten Zeit geküsst?

Hallo Wind, bist du auch ehrlich zu mir?
Bleibst du heute bitte ganz lange bei mir?

Hallo Wind, erzähl' mir bloß nicht,
du wärst wieder in Eile.
Du weißt doch, ich liebe deine lange Weile.

Hallo Wind, du pfeifst, und ich werde singen.
Wie schön werden wir zusammen klingen.

Hallo Wind, ich kann dich ja gar nicht mehr sehen.
Musst du schon wieder weiterwehen?

Hallo Wind, wo bist du, bist schon wieder fort?
Küsst eine andere an fernem Ort?

Hallo Wind, eins ist ganz sicher, ich warte auf dich.
Dann halt' ich dich fest, dann küsst du nur mich.

Verweilen und Teilen

1. Von Zeit zu Zeit spüre ich, ich würde so gerne
   etwas mehr Zeit mit Dir verweilen.
   Gleichzeitig frage ich mich,
   wie würde unser Leben
   sein, nicht wenn, sondern falls wir alles teilen.

2. Träume manchmal von unserem Zusammensein
   bis in alle Ewigkeit.
   Was würde geschehen,
   wir wären ständig zusammen,
   nicht nur von Zeit zu Zeit.

3. Unser Treffen gefällt mir, so ab und zu.
   Zwischenzeitlich muss ich nichts absprechen,
   hab` von dir meine Ruh`.

4. Muss ja nicht a l l e s mit dir teilen.
   Denk' auch mal zwischen den Zeilen.

5. Was würdest du denken, wär' ich nicht ständig
   gepflegt, also schön.
   Du würdest mich mindestens des morgens mit
   ungekämmten Locken sehn.

6. Nicht ständig würde ich lächelnd singen.
   Nicht täglich sportlich über des Lebens Hürden
   springen.

7. Ich würde nicht täglich nach Parfüm duften.
   Sondern nach Schweiß durch mein
   tägliches Schuften.

8. Nicht immer wäre ich gesund.
   Hielte im entscheidenden Moment nicht meinen
   Mund.

9. Wie du wohl entscheiden würdest,
   wenn ich könnt' nie mehr alleine sein,
   du würdest betrübt festellen, auch mit mir ist
   nicht alles Sonnenschein.

10. Diese Gedanken, ich lade sie nie ein.
    Meine Gedanken, sie kommen von ganz allein.

11. Ehrlich gesagt, ich freue mich dann,
    irgendwie sind sie mein heimliches Glück.
    Irgendwie bringen sie mir jedes Mal meine
    Illlusionen zurück.

12. Illusionen machen nicht glücklich,
    ich meine auf Dauer,
    aber dennoch, sie gehören mir allein,
    also leg' ich mich weiterhin auf die Lauer …

Mein Glitzerstein

1. Ganz früh am Morgen wach' ich auf,
   denk' nach über meinen kommenden Tageslauf.

2. Noch stehen sie nicht fest, meine Gedanken,
   sie taumeln noch, drehen sich im Kreis
   und wanken.

3. Ungeordnet laufen sie mal hier und auch
   mal dort, noch ahne ich nicht,
   wo sie anhalten werden, an welchem Ort.

4. Bald bin ich munter und auch meiner Sinne klar,
   fange an zu lächeln, mich zu erinnern,
   was gestern war.

5. Hier kommt mir dein Besuch in den Sinn,
   nun weiß ich, warum ich heute früh
   so glücklich bin.

6. In meinen Gedanken bist du zur Zeit mein
   Glitzerstein,
   möge er es noch 100 Jahre sein.

7. Glückwunsch dem, der so einen findet,
   auch wenn dieser, wie alles im Leben,
   eines Tages schwindet.

8. Niemanden kann man festhalten,
   hat man ihn noch so gern,
   doch in der Erinnerung leuchtet er ewig,
   dann als Stern.

9. Das alles versuch' ich zwar zu bedenken,
   dennoch, vielleicht macht Gott eine Ausnahme,
   wird ihn mir für immer schenken.

wo seid ihr?

ich suche euch. doch ihr seid nicht mehr da.
nichts ist mehr so, wie es früher war.

ihr fehlt mir, doch was soll ich nun machen.
ohne euch, meine ich, seien es nur halbe sachen.

wo seid ihr. gebt mir bitte ein kleines zeichen.
gebt ein signal mir. stellt mir die weichen.

es ist schon ganz schön spät.
ich kann nicht mehr weit sehen.

wo seid ihr. das frage ich mich. was ist denn ge-
schehen.
ich mache mich auf neue wege. mal sind diese breit.
mal sind diese schmal.
wo seid ihr. ohne euch scheint mein leben öd,
blöd und schal.

wo seid ihr. ist das noch ein leben - so ganz allein.
wo seid ihr. ohne euch scheint mein leben
nur flimmernder schein.

die frage ist doch, lohnt es sich ohne euch dennoch.
bewusst kein fragezeichen - ich behaupte doch
und doch.

mein leben ohne euch, ja prima es geht.
mein körper, meine seele zu Ihm nun häufiger seht.

mein leben ist wieder schön. mein blick zu Ihm mich
noch mehr dankbarkeit lehrt.
juchu mein lächeln, mein lächeln zurück ist gekehrt.

mein lächeln, mein lächeln zurück ist gekehrt.
mein leben ist sicht - und fühlbar nun noch viel
mehr wert.

wo seid ihr. den satz, auch nicht als frage,
will ich nie mehr stellen.

versuche es, nur manchmal,
da kommen so kleine wellen ...

wo seid ihr. die frage, sie besucht mich,
jedoch nur noch ganz selten.
zwischen gestern und heute, ha, da liegen ja welten.

ja, die frage, sie ist noch nicht tot,
doch sie schwächelt.
und was tue ich - also mein herz,
es lächelt und lächelt ...

Der Sargnagel

Wir biegen unseren Sargnagel selbst zurecht.
Nach dem Biegen geht es uns oft schlecht.

Nehmen wir auf unser Herz nicht genügend Rücksicht,
tragen wir so viel dazu bei, dass es bröckelt und bricht.

Vergessen wir, unser Herz begrenzte Zeit pocht?
Vergessen wir, unser Herz ist des Lebens Docht?

Ein paar Schritte können wir zwar noch tun,
danach sollten wir aber wieder etwas ruh'n.

Leben wir einfach, als wäre nichts geschehen,
werden wir es fühlen und es auch bald sehen.

Wir können nicht mehr leben als wären wir jung.
Es fehlt unser Rhythmus, fehlt uns der Schwung.

Unsere Schritte fallen uns schon so sehr schwer.
Des Lebens Docht glimmt, leuchtet nicht mehr.

Also lasst uns gut zu uns sein, die restliche Zeit.
Gott ruft uns bald in seine himmlische Ewigkeit!

Schweigen ist Mist

Gemeinsamkeiten, die sind wo?
Diese vermissen er + sie sowieso.

Ihm ist der Hochzeitstag unwichtig.
Sie findet das überhaupt nicht richtig.

Heilig empfindet er den Geburtstag.
Sie diese Feierei gar nicht mag.

Es gibt keine gemeinsame Schnittmenge.
Das treibt beide in die seelische Enge.

Hier gibt's nicht Falsch oder Richtig.
Hierüber reden, das wäre wichtig.

Jedoch, was machen diese beiden?
Schweigen - Schmollen - Leiden.

Das Leiden erst noch flüchtig ist,
wird größer zu 'nem Haufen Mist.

Am Anfang riecht er, bald er stinkt,
die Scheidung schon von weitem winkt.

Hier müssten er + sie finden einen Kompromiss,
doch beide haben vor dem Reden Schiss.

Der Mist, er wächst und wächst und wächst,
der Haufen sich nicht mehr wegschaufeln lässt.

Wenn zwei sich streiten, freut sich der Dritte,
ein Anwalt spaziert in ihre Mitte.

Eine Urkunde trennt das Ehepaar,
das einst verliebt und glücklich war.

Schweigen ist Gold ein Irrtum ist,
Schweigen ist der allergrößte Mist.

Und was ist die Moral von der Geschicht'?
Gold ist, wenn einer mit dem anderen spricht.

Obwohl

Nicht ändern kannst du dein Gegenüber,
ich weiß, das wär' dir ja viel viel lieber.

Dein Gegenüber kann es doch selber nicht,
seine Gene, Erbanlagen sind sein Gericht.

Dieses verurteilt ihn zu lebenslanger Haft,
aus der er es niemals in die Freiheit schafft.

Willst du dein Leben lang dennoch teilen?
Kannst du in demselben Zimmer verweilen?

Dann musst nicht weil sondern OBWOHL lieben,
nicht nur das für dich Angenehme heraussieben.

OBWOHL lautet der Zauberspruch:
OBWOHL = LIEBE OHNE BRUCH!

Zweisamkeit

Ich glaube nicht mehr an sie, doch träum' ich von
ihr: Zerrissene Träume schweben vor mir.
Ich glaube nicht mehr an sie, alles scheint nun zer-
brochen.
Zu oft schon bin ich auf meinen Knien gekrochen.

Ich glaube nicht mehr an sie, versuche solche Ge-
danken fortzujagen.
Doch hier sind sie schon wieder, was wollen sie mir
sagen?
‹Verschwindet, haut endlich ab. Ihr seid elende
Lügner, zieht in euer Grab.›
Ich glaube nicht mehr an sie, ich weiß von all' ihren
Lügen.
Und dennoch – letztendlich überlebt meine Sehn-
sucht … wird siegen?

Kommentar

Wie fühlt sich Zweisamkeit an? Ist es ein ‹schlechtes› Ge-
fühl? Kann es ebenso positiv besetzt sein? Mal so, mal so.
Wir müssen lernen beides zuzulassen.
Was immer auch geschieht: Unsere Sehnsucht nach erfül-
lender Zweisamkeit wird nie sterben… In einem ihrer jün-
geren Texte fasst Gabriele Gran diesen Aspekt ihrer Ent-
wicklung zusammen: Erst in Einsamkeit in und am Leben
verzweifelt, heute in glücklicher Zweisamkeit mit manchen
Menschen - jedoch vor allem in ihrer Zweisamkeit mit Gott.

Die Einsamkeit

Die Einsamkeit klopft an meine Tür.
Ich rufe: ‹Wer da, ich hier.›
Die Einsamkeit antwortet:
‹Du da, ich hier, öffne mir deine Tür.›
Die Einsamkeit ist nun hier, bei mir.

Ich bin nicht mehr ich, sondern wir.
Die Einsamkeit, ich lächle sie an, umarme sie,
küsse sie sogar.
Nichts ist mehr so, wie es vorher war.
Ich erblicke recht bald die von ihr für mich
mitgebrachten Geschenke.

‹Pack' sie doch aus›, ich denke und hole einen Juwel
nach dem Anderen hervor.
In meinem Zimmer glänzt und glitzert es mehr
als jemals zuvor.
Ich möchte ihr danken, doch oh wunderbarer
Schreck,
sie ist weder hier noch da, sie ist plötzlich weg.
Eines Tages, klopft sie wieder an meiner Tür.
‹Hallo› rufe ich freudig und öffne weit meine Zimmertür.

Mein neuer Wecker

Gerade erst bin ich aufgewacht.
Mein Gesicht jedoch, hat schon zuvor gelacht.

Ein zartes Gefühl spür' ich auf meiner linken Hand.
Es bist leider nicht du, sondern eine Spinne von der
Wand.

Als ich noch geträumt', ich hab' vergessen von wem.
So tief im Schlummer, in meinem Bett bequem.

Hat eine Spinne von der Zimmerdecke
sich abgeseilt.
Sie ist von dieser auf meine Hand geeilt.

Von ihrer Berührung wache ich auf.
Beginne gleich meinen Tageslauf.

Flotten Schrittes eile ich zum Postkasten hin.
Will sehn, ob meine Tageszeitung drin.

Sie ist schon dort, ich nehm sie an mich.
Denk' an den Boten und auch an dich.

Als erstes blättere ich auf, die Seite Kultur.
Will sehn wer gestorben, wer bleibt zurück mir nur.

Die Überschriften, die gehn auch ohne Brille.
Wer oder was geschah, und wessen letzter Wille.

Setze mich an meinen Frühstückstisch.
Genieß' den Tee und auch Sandwich.

Setze nun meine Brille auf.
4 Uhr morgens! Ganz schön früh, mein Tageslauf.

Nun muss ich aber schallend lachen.
Was mach' ich heute denn für Sachen.

Erinnere ich mich an der Spinne Zärtlichkeit.
Fort mit dem Wecker! Was bedeutet schon Zeit!

Mein Blick, er wandert hin zur Zimmerdecke.
Meine Spinne ruht links oben in der Ecke.

‹Hallo Spinne, brauchst dich niemals zu beeilen.
 Wirst du dich auch morgen wieder abseilen?›

Du und ich

DU + ich + ich

1. DU liebst mich.
   Ich liebe DICH.
   Ich bin ich.

2. DU liebst mich.
   Ich liebe DICH nicht.
   Ich bin töricht.

3. DU bist mir egal.
   Ich leide Qual.
   Ich hatte die Wahl.

4. DU denkst an mich.
   Ich denk' an DICH.
   Ich wäre gerne ich.

5. DU versuchst mich zu führen.
   Ich beginne zu kapieren.
   Ich fange an zu akzeptieren.

6. DU zeigst DICH mir in der Tat.
   Ich spüre, was ich an DIR hab'.
   Ich war dumm, wie schad!

7. DU liebst mich.
   Ich liebe DICH.
   Ich bin ich.

Kommentar

DU + ich + ich
ich spüre dich

DU = GOTT
ich = der Mensch in Verbindung mit GOTT.
Gut geht es dem Menschen.

ich = der Mensch trennt sich von GOTT.
Schlecht geht es dem Menschen.

Gott jedoch trennt sich nie von uns.
Geduldig wartet Er auf unsere Rückkehr zu Ihm.

Der Mensch hat die freie Wahl.
Nimmt er das Angebot Gottes = die Liebe an?

Ganz persönliche Erfahrungen der Autorin in den tiefsten
Tragödien ihres Lebens.

Mein Glücksfall

Du bist mein Glücksfall, für mich, mein Leben.
muss nicht mehr laufen, darf immer schweben.

Du bist mein Glücksfall, für alle Gedanken,
bin nun ruhig, muss nicht mehr wanken.

Du bist mein Glücksfall, für meine Stunden,
nichts stößt mir sauer auf, alles tut munden.

Du bist mein Glücksfall in Trauer, in Schmerzen,
niemand kann stehlen den Teil meines Herzen.

Du bist mein Glücksfall, danke dem HERRN,
wofür liebt ER mich, hat mich täglich gern?

Du bist mein Glücksfall, einst wollt ich nicht leben,
täglich denk' ich, möchte schweben, schweben ...

Eine Suppenkelle Verliebtsein

3x täglich 1 Suppenkelle

Verliebtsein ist das Schönste hier auf Erden,
Verschwunden: Alle seelischen Beschwerden.

Die Körperlichen haken auch nicht mehr,
Das Übergewicht leicht, nicht so schwer.

Es ziept nicht wie vorher Sir Ischias,
Galle fragt Leber: ‹Merkste noch was?›

Der Ballen schweigt, er nicht sticht,
Tinnitus auch nicht dazwischen spricht.

Die Leere im Pottjuché ist dir nun sch … egal,
Gemecker vom Chef überhört, fort ist die Qual.

Die Nebenwirkungen? Nur positiv ist dieses Mittel,
brauchst weder Apotheke noch Den im
weißen Kittel.

Das beste Mittel gegen jedes Zipperlein:
3 x täglich eine Suppenkelle, randvoll Verliebtsein!

Wohin?

Wache ich des nachts auf, denke ich an dich.
Ob du auch gerade wach bist, frage ich mich.

Falls ja, an wen du jetzt wohl so denkst?
Deine Gedanken du mir alleine schenkst?

So viele Träume, Ideen und Pläne habe ich.
Zeichne in diese stets ein, dich und mich.

Meine ständige Träumerei von dir und mir,
Tag und Nacht sind auf Wanderschaft hier.

Wo wandert meine Träumerei überall hin?
Was kommt ihr wohl noch in ihren Sinn?

Dieser Gedanken will ich mich nicht erwehren.
Niemals werde ich mich über sie beschweren.

Es macht mir so viel Freude an dich zu denken.
Niemand könnte mir etwas Schöneres schenken.

Diese Träume versüßen mein Leben.
Sicher, es kann nichts Süßeres geben.

Für mich etwas Neues, was ich erlebe.
Meinen dankbaren Blick zu Gott erhebe.

Einmal im Leben so glücklich zu sein,
wer hatte das gedacht, nur Gott allein.

Meine Träumerei hat bitte welchen Sinn?
Schwebe und schwebe, und bitte wohin?

Der neue Tepppich

Ein halbes Jahrhundert hat er uns zurückgefahren.
Dorthin, als wir jeder zwei Jahrzehnte alt waren.

Wir weben einen Neuen, der gefällt uns ganz gut.
Betreten wir ihn, ja oder nein? Fehlt uns der Mut?

Seine Linien, sein Muster, sind eckig,
es fehlt der Schwung.
Seine Farben sind viel blasser infolge Erfahrung,
Erinnerung.

Über diesen Teppich zu schweben ist trotzdem
ein Genuss.
Nicht haargenau, mit Phantasie aber fast
wie unser 1. Kuss.

Die Liebe – Zauberin

Unser Abschied ist schon viele Wochen her.
Nichts ließ ich mir anmerken. Er war schwer.

Sehnsucht hat ein furchtbar schweres Gewicht.
In Zentner nicht zu wiegen, warum denn nicht?

Dennoch drückt sie uns immer nach unten:
Unsere Gefühle, Gedanken, all die Bunten.

Immer und irgendwie überlebt man sie.
Und wie?

Man stürzt sich in Arbeit, klettert hoch auf Bäume,
putzt alle Fenster, Tag und Nacht hat man Träume.
Stellt sich vor, wie schön, wärst du hier.
Ich als Zauberin, ich zauberte dich zu mir.

Endlich, nun ist er da dieser Tag,
der Tag, den ich am liebsten mag.

Es läutet die Glocke an meiner Tür,
ich öffne diese, jetzt bist du bei mir.

Zwischen Himmel und Hölle, du bald schwankst,
Genießen? Nein vor dem Abschied hast du Angst.

Das Leben ist nun mal so oder auch so,
einmal traurig, dann wieder froh.

Die schönsten Augenblicke voll genießen,
die Schlechten vergessen, die verdrießen.

Dieser Augenblick ist die Sonne, die warm scheint,
weil ich schwebe, die Liebe mich und dich vereint.

Wie herrlich kann doch das Leben sein,
ist der Mensch zu zweit und nicht allein.

Eine Zauberin ist die Liebe, zaubert fort all'
unsere Schmerzen!
‹Danke lieber Gott›, Dir und der Liebe,
von ganzem Herzen!

Sauber getrennt

Ehe- und Verzichtvertrag
sind der Liebe größte Plag'.

Wer Eigentum von Liebe trennt,
von dem die Liebe rennt, rennt...

Erst schleichend, schnell, dann schneller
Bis nichts mehr bleibt auf dem Liebesteller.

Worin liegt bei dem Vertrag Verstand, der Sinn?
Zweifel? Zum Standesamt, geh'doch nicht hin!

Die Liebe, die ist nun weit fort.
Unauffindbar, an anderm Ort.

Du fragst, kehrt Liebe jemals zurück?
Wäre ihre Rückkehr dasselbe Glück?

Auf keinen Fall, vielleicht die gleiche,
ja, frisch und lebhaft wie ne Leiche.

Du selbst hast ausgeknipst das Licht,
Bei dir leuchtet es jedenfalls nicht!

Heute leuchtet es anderswo
So, so...

Endlich FREI!

Alles, was ich im Leben an Leid hab' aufgesogen,
ist durch meine Buchschreiberei (wie) weggeflogen.

Erst der Mann und dann die Kinder,
Frühling, Sommer, Herbst und Winter.

Wie viel ließ ich mich zwingen das zu tun,
was ich gar nicht wollte, ich blödes Huhn.

Nun, im Alter, bitte schön und bitte sehr,
ist mein Leben leicht, nicht mehr schwer!

Mache nur noch, was mir gefällt,
tanze, springe durch die Welt!

Verliebe mich an dieser und an jener Ecke,
tanz' und springe, wo immer ich auch stecke.

Ein Hoch auf das Alter, reif und schön,
endlich leben, hat man mich jemals so geseh'n?

Ich liebe DAS

ich liebe DAS...
soeben lächelte ich noch.
und nun - also doch.
mir wird ganz flau.
ich irrte, ich sei deine frau.

bin dir wohl nur bekannt.
hatte mich mal wieder in meinen lügen verrannt.
es war nur ein traum.
billiger glitzerschaum.
mach' mir nichts hieraus.
war bereits eh' er begann: Aus!
für die außenwelt scheinst du so lieb, so fein.
dabei leuchtet doch nur dein heiligen-schein.

du irrst, ich würde um dich weinen.
niemals! für mich wird die sonne auch so ewig
scheinen.
schaue nämlich nur zu GOTT,
der mich bedingungslos liebt.
mich wie ein vater zärtlich in seinen armen wiegt.

ich hab' es erlebt, konnte es immer wieder sehn.
mit den menschen war jeder anfang verzaubernd
schön.
das ende stets trauer und verzagen.
GOTT sei dank, mit dir darf ich bis und in alle
ewigkeit liebe wagen.

nur DU enttäuschst mich nicht.
jeden augenblick beweist du mir dein ehrlich'
gesicht.
auf dich ist verlass.
ich liebe DAS...

Bonnes Vacances

Schöne Ferien
Bonnes Vacances

Nun bin ich fort.
Mein Zuhause ist an fernem Ort.

Nichts, so irre ich - nun vor mir liegt.
Mein Lebensgefühl sich im Schmerze wiegt.

Erinnerungen kommen nun wieder:
Mutter sang mir Kinderlieder.
Es wandern durch mein Herz:
Einsamkeit und Schmerz.

Tränen, sie laufen.
Vergangenheit und Gegenwart miteinander raufen.

Traurigkeit regiert mein Sein.
So schlafe ich ein.

Schlaf und Traum nehmen ihren Lauf.
Ich wache auf:

Jemand klopft an meine Hotelzimmertür.
La femme de chambre: ‹Madame, isch bin ier.›

Ihre schwarzen Kulleraugen strahlen und leuchten
so hell.
Meine Einsamkeit flüchtet rasend schnell.

Mein geliebtes Afrika strahlt mich so lieb an,
dass ich mich nun nichts mehr als freuen kann.

Vor mir liegt das im Wind tänzelnde Mittelmeer.
Sein Glitzern begeistert mich so sehr.

Die orange-gelbe Sonne gerade aufsteht,
Palmen flüstern, zärtlich vom Wind umweht.

Ein phantastisch bunter Blumengarten.
Merci, Bon Dieu, muss ich denn gar nicht mehr auf
Dein Paradies warten?

Nun fangen sie an, traumhafte Ferien ici,
und ich sage Dir:

Das nächste Mal auf meiner Reise; la prochaine fois,
leide ich und freue ich mich auf gleiche Weise.
Jedoch die Freude stets überwiegt.
Die fröhliche Erholung toujours - immer siegt.

Senegal: Der Weg zu meiner Hütte

vögel zwitschern.
äste knacken.
blätter rascheln.
zweige flüstern untereinander.
sie tänzeln, wiegen sich im wind.
der affenbrotbaum wirkt mächtig.
er wirkt kräftig, majestätisch, unveränderlich.
unveränderbar?
ist auch er vergänglich?
blüten leuchten im mondlicht.
es hilft mir meine hütte zu finden.
insekten surren.
tauben gurren.
ein papagei schreit.
ist meine hütte nicht mehr weit?
das meer braust.
der wind saust.
afrikaner sprechen.
afrikaner lachen.
die weiterziehende luft kühlt meinen heißen körper.
der wind trocknet meine
vom schweiß überströmte haut.
wo hat man meine hütte hingebaut?
die sonne, in gedanken ein trost.
sie liebt mich.
unbekanntes heult und kreischt.
dunkles huscht lautlos vorbei.
gelächter von nebenan.
schritte in der nacht.
zähne leuchten weiß, blenden niemals.

schatten tanzen im schein der laterne auf und ab.

tanzen miteinander.

grillen zirpen.

flügel flattern.

andere schnattern.

hölzer schlagen gegeneinander, sind aber freunde.

immer noch leuchtet mir das goldene mondlicht den pfad zu meiner hütte.

- wieder die falsche! -

wie oft noch?

ein fluch entwischt mir.

pferdehufe trappeln in der ferne.

es ist schon minuit, mitternacht.

jemand lacht.

über mich?

je ne le sais. ich weiß es nicht.

la clé dans ma main.

der schlüssel, welcher von beiden?

sie klingen aneinander, miteinander.

chercher-suchen.

trouver-finden.

die tür knarrt, j'entre, ich trete ein.

et toujours ma peur de ces singes, und immer meine angst vor diesen affen.

sie schlafen schon längst, und ich bald auch.

‹l`Afrique mon grand amour, je t'aime!›

‹Afrika, meine große Liebe, ich liebe Dich!›

I Had a Dream

1. I had a dream

Also das war so: Etwa vier Jahre alt war ich. Wie ich schon berichtete, war ich ein Flüchtlingskind. Mit meinen Eltern lebte ich in Metzingen, Kreis Eldingen. Mein Vater bekam in Celle einen Job. Jeden Morgen musste er mit der Eisenbahn von Metzingen nach Celle fahren. So ging das nun tagein, tagaus. Einen Bahnhof gab es in Metzingen nicht. Im Winter waren die Warteminuten auf den Zug eisig kalt. Deshalb baute sich mein Vater eine Bretterbude, um Schnee und Regen aufzuhalten. In meiner Erinnerung klagte er nie. Meine Mutter kam derweil vor Heimweh fast um. Jeden Tag erzählte sie von ‹der alten Heimat›. Heute denke ich, ihre Gedanken trugen auch zu ihrem Kränkeln bei. Auf jeden Fall musste sie mehrmals ins Krankenhaus in Celle.

Was soll ein Vater mit zwei kleinen Kindern, mein Bruder ist vier Jahre älter, ohne Hilfe machen? Verwandte im Ort gab es nicht. Sie waren alle Flüchtlinge und in alle Welt verstreut. Meinem Vater blieb nichts anderes übrig, als uns während der Krankenhausaufenthalte meiner Mutter ins Kinderheim in Celle zu geben. Wie am Spieß schrie ich jedesmal. So sehr litt ich unter der Sehnsucht nach meiner Mutter.

Die fürsorglichen Schwestern, die für uns Kinder sorgten, waren Nonnen. Sie taten ihr Bestes für uns. Eines Tages zeigten sie uns Kindern einen Film. Der Schwarz-Weiß-Film spielte in Afrika. Wir sahen, wie Nonnen schwarze Kinder unterrichteten. Aus dem Staunen, dass es auch schwarze Kinder auf der Welt gibt, kam ich kaum heraus. Mein Staunen deckte meinen Trennungsschmerz zu. Ja, mein

Staunen und vor allem meine Begeisterung für diese Kinder, ließ meinen Trennungsschmerz sterben. Mein Staunen und meine Begeisterung für alle Kinder Afrikas wurden Eltern. Eltern meiner Liebe zu Afrika. Diese, meine Liebe für Afrika sollte mein Leben verändern:

I had a dream - Ich hatte einen Traum. Das wollte ich auch machen, wenn ich mal groß bin. Nach Afrika gehen und schwarze Kinder unterrichten. Dieser Gedanke machte mich glücklich. Noch konnte ich nicht ahnen, wie viele Jahre ich auf die Erfüllung meines großen Traumes warten musste.

2. Drei neue Freunde bekam ich

Also, das war so: Die Firma Machwitz machte für ihren Kaffee eine ganz besondere Werbung. Sie warb für ihren Kaffee mit drei schwarzen Herren. Diese Herren waren schwarze Puppen mit afrikanischem Look. Sie standen im Schaufenster eines Lebensmittelgeschäfts in Celle. Falsch ist zu behaupten, dass sie dort nur standen. Nein, nein, das ist es gerade, was mich so begeisterte. Diese drei Herren standen nicht still. Abwechselnd in einem bestimmten Rhythmus verneigten sie sich. Sie verneigten sich in Richtung der Schaufensterbesucher. Also in meine Richtung! Als ich diese drei entdeckte, war es um mich geschehen. Wann immer es mir möglich war, spazierte ich zu ihnen.

Als meine neuen Freunde empfand ich sie. So oft wie möglich besuchte ich sie. So lange wie nur möglich stand ich vor diesem Schaufenster. Glücklich, sehr glücklich war ich dann immer. Ich empfand nämlich, sie sähen nur mich. Sie grüßten nur mich! Sie waren nun meine drei neuen heimlichen Freunde. Sie waren mein Geheimnis.

Obwohl ich schon damals ein Plappermaul, eine

Schwatzliese war: Hierüber schwieg ich eisern! Wie gerne hätte ich meine drei neuen Freunde mit in unsere Wohnung genommen. Leider ging dies aber nicht. Erstens wäre mein Traum ja kein Geheimnis mehr gewesen. Zweitens war unsere Wohnung auch viel zu klein. Kaum reichte der Platz ja für meine Eltern und uns zwei Kinder. Find' ich heut noch schade.

3. Der Soldat aus Schokolade

Bald sollte aus meinem Traum, meiner Begeisterung für Afrika, ein Teil meines Herzens werden.

Also, das war so: Während eines Besuches bei meinen drei neuen Freunden geschah etwas ganz Wunderbares. Versunken in der Welt meiner drei neuen Freunde stand ich vor dem Schaufenster. Plötzlich wachte ich auf. Was war passiert? Ein schwarzer Soldat kam den Bürgersteig entlang. Schnurstracks, wie verzaubert ging ich auf ihn zu. Keinen Blick nahm ich von ihm. Sogleich blieb auch er stehen. Ganz ohne Vokabeln und Grammatik erklärte ich ihm meine Liebe zu allen schwarzen Menschen. Lächeln war schon damals meine Sprache. Der Soldat lächelte zurück. Ganz einfach. Lächeln ist die Weltsprache. Ich strahlte. Er strahlte. Wir strahlten. Nur die Sonne kann leuchtender strahlen.

Da griff er in die Tasche seiner Uniformjacke und holte ein Stückchen Schokolade hervor. Dieses Stückchen Schokolade schenkte er mir. Ich bekam einen Riesenschreck. Dachte ich doch, alle schwarzen Menschen seien aus Schokolade. Ich glaubte, er habe von sich, von seinem Körper, ein Stückchen abgebrochen. Mein schwarzer Soldat hatte also - von sich für mich - ein Stückchen abgebrochen? Ja, der schwarze Soldat hatte mir ein Stückchen von seinem Herzen geschenkt. So gesellte sich zu meinem Herzen ein Stückchen seines Herzens.

Von jenem Augenblick an klopfte mein Herz: Schwarz - Weiß, schwarz - weiß ...

Und das tut mein Herz heute noch ...

4. Afrikareisen

Ghana, Senegal, Marokko, Tunesien, Ägypten ... In all' diese Länder reiste ich. Fast ein halbes Jahrhundert war vergangen. Meinen Traum nahm ich auf jede Reise mit. Unsichtbar für die Umwelt. Fühlbar für mich. Wirklichkeit wurde mein Traum hier nicht. Niemals gab ich auf. Geduld kommt gleich nach dem Lächeln. So lächelte ich geduldig weiter.

5. Kenia

Nun ging es nach Kenia.

Also, das war so: In der Nähe von Nairobi wohnte ich in einem Wald. Meine Herberge war ein Haus aus den fünfziger Jahren. Die Fenster waren vergittert. Schlösser an der Eingangstür. So etwas hatte ich noch nie gesehen. Hier hatten wohl Missionare gelebt. Vielleich hatten sie Angst. Ich hatte jedenfalls keine. Gruselig war mir nur vor kleinen Tieren. Mücken konnte ich auch nicht ausstehen. Licht knipste ich daher nie an. Ein Moskitonetz war um meine Schlafstatt gehängt. Beengend empfand ich das. So baute ich das ab. Eines Nachts wachte ich aus dem wichtigsten Grund der Welt auf. Da, von der Fensterscheibe aus glotzte mich etwas Weißes an. Mein stark klopfendes Herz hoffte mit mir, das Tier wäre hinter der Scheibe. Vorsichtig tastete ich nach meiner kleinen Reisetaschenlampe. Der kleine Lichtstrahl fiel auf das glotzende Tierchen. Es war ja nur so groß wie eine Eidechse. Mit meiner Angst verglichen hätte es ein Dinosaurier sein können. Das Tier war drinnen. Was nun? Mein Herz blieb fast stehen. Wie konnte ich nun bloß zur Ruhe kommen?

Da fiel mir mein Freund Rüdiger Nehberg ein. Welch' Tieren stand er auf seinen Reisen gegenüber? Vor so einem Tierchen sollte ich mich wirklich fürchten? Mein letztes bisschen Verstand flüsterte etwas. Er flüsterte mir zu, ich solle mir an Rüdiger ein Beispiel nehmen. Mutig und stark sollte ich bleiben. Ja, und irgenwie ging es mir dann besser. Danke, Rüdiger - und das noch heute. Viele Briefe habe ich Dir geschrieben. Von meiner Angst vor so einer Art Eidechse jedoch nie. Vielleichst wirst Du mein Abenteuer lesen. Grins' Du nur ...

Fast täglich unternahm ich einen kleinen Spaziergang. Einen alten Holzhocker nahm ich dann mit. Auf diesem wollte ich mich ab und zu ausruhen. So setzte ich mich auf diesen. Genau beobachtend betrachte ich meine bunte Welt. Blumen, Gräser, Blattpflanzen in leuchtenden Farben. Ein Pflanzenteppich umgab mich. Dieser bewegte sich ja? Nein, nicht die Pflanzen bewegten sich. Zwischen den Blumen spazierten bunte Vögel. Ängstlich war ich nur im ersten Augenblick. Sie gingen doch nur spazieren, pickten mal hier und dort. Interesse an mir war keines vorhanden. Das fand ich gut! In Ruhe konnte ich dieses Farbenwunder beobachten. Die Gangart der Vögel war einzigartig. So elegant, so graziös könnte kein Topmodel walken.

Meine kleinen Spaziergänge wurden nach ein paar Tagen langweilig. Was nun? Weit vom Haus sollte ich mich nicht entfernen. Warum weiß ich bis heute nicht. Ein netter Massai sollte mich begleiten. Aber ich empfand ja keine Angst. Selbst ist die Frau! Eines Tages entwischte ich dieser Sicherheitsidee.

Was ich noch nicht ahnen konnte: Mein Traum sollte endlich in Erfüllung gehen.

6. Traum wird Realität

Also, das war so: Die Sonne scheint wie an jedem Tag. Das Gelände meiner Herberge verlasse ich durch ein großes Tor. Vorher bewundere ich noch die riesigen Weihnachtssternbäume. Im Kleinformat, gepflanzt in Blumentöpfe, werden sie zur Weihnachtszeit bei uns angeboten. Vielleicht tragen diese Bäume einen anderen Namen. In der Blumenwelt kenne ich mich nicht aus. Immerhin kann ich ein Gänseblümchen von einer Tulpe unterscheiden. Und dies kann nicht jeder. Ich spaziere und spaziere. Brandstellen längs des Weges entdecke ich. Naturmüll, wir nennen ihn Bioabfall, wird hier verbrannt und untergegraben. Herrlicher Gesang holt mich aus meinen Gedanken. Drei Kenianerinnen erblicke ich. Ein großes Stück von mir entfernt sind diese noch. Ihren wundervollen Gesang höre ich aber jetzt schon. Von Zeit zu Zeit stellen sie ein kleines Gefährt ab. Sie kommen näher. Nun erkenne ich alles besser. Sie haben frisches Wasser in großen Bottichen geholt. Diese sind auf dem kleinen Gefährt. Mit viel Anstrengung schieben sie dieses gemeinsam vorwärts. Von Zeit zu Zeit stellen sie es ab, ruhen sich aus. In ihren Hütten haben sie ganz bestimmt kein fließendes Wasser. Sie tuscheln und lächeln, als sie mich erblicken. Das ist ein Gekicher! ‹Jambo!›, ‹Hello, Jambo!› lächle ich zurück. Sie kichern ja schon wieder. O.K. - Afrikas Fröhlichkeit ... Ich schlendere weiter. Schnell gehen will ich nicht. Eilig habe ich es nicht. Die rote Erde ist nicht eben, sie hat Löcher. Auf meine Nase fallen könnte ich ... Vorsicht ist geboten.

Ein Afrikaner kommt mir entgegen. Na klar, wir kommen sofort ins Gespräch. Hier geht keiner am anderen vorbei ohne zu grüßen. Hier geht keiner am anderen vorbei ohne zu plauschen. Das ist genau das Richtige für mich. Das habe ich euch doch schon oft erzählt. Bravo, dass ich nicht als Fisch geboren wurde. Meine größte Strafe wäre das. Wir unterhalten uns. Worüber? Sorry, aber daran kann ich mich nicht mehr erinnern.

Auf meinem langen Weg kommt mir ein kleiner Junge entgegen, mauseallein. Er ist vielleicht fünf Jahre alt. Er trägt eine blaue Jacke. Wie kann man so einen süßen Kleinen alleine gehen lassen? Ich reiche ihm meine Hand. Er tut mir Leid. So trage ich ihn. Hierbei schläft er ein. Nun wird er mir zu schwer. Ich setze ihn ab. Da wacht er auf. ‹Do you know your way?›. Er nickt und guckt mich fragend an mit seinen Kulleraugen. Klar weiß er, wo sein Weg verläuft. Bestimmt geht er diesen Weg täglich, fällt mir viel später ein. Nur mir kommt der Weg so merkwürdig vor. Schließlich bin ich noch nie hier langgegangen. Wir kommen an eine Biegung. Der kleine Schokoboy gibt mir zu verstehen, er müsse links lang. Mit seinem kleinen Zeigefinger zeigt er in die Richtung, in welche er nun gehen muss. Na gut, beruhige ich mich, er wird schon wissen, wo er wohnt.

In alles muss ich mich aber auch einmischen! Was soll ich machen. I am what I am. Man bleibt immer, was man ist. Ich spaziere und spaziere. Ein zweiter Afrikaner kommt mir entgegen. Er ist europäisch gekleidet. Ein blaues Jackett trägt er. Die Ärmel sind viel zu lang. Seine Hände sehe ich deshalb kaum. Auch die Anzughose ist zu lang. Merkwürdig. Wir kommen ins Gespräch. Neugierig wie ich bin, frage ich ihn, warum er sich so herausgeputzt habe. Wir seien doch nur im Wald? Nun strahlt er über sein ganzes Gesicht. Seine weißen Zähne blenden mich fast. Es sei heute ein ganz besonderer Tag.

Sein Sohn käme aus der Schule, er wolle ihn von der Bushaltestelle abholen. Daher habe er sich so fein gemacht. Das mache er immer, wenn er seinen Sohn vom Schulbus abhole. Jemand habe ihm die Hose und auch das Jackett geschenkt. Für ganz besondere Anlässe zöge er sich diese Kleidung an. Sein Kind vom Schulbus abzuholen sei ein ganz besonderer Anlass. Nicht alle afrikanischen Kinder könnten zur Schule gehen. Er habe großes Glück, dass sein Sohn lesen und schreiben lernen darf. Ach so ... Nun fallen mir seine Ohren auf. Irgendwie habe ich solche verkringelten Ohren noch nie gesehen. Sie erwecken aufs Neue meine Neugier. So frage ich ihn, wieso und warum er solche Kringelohren habe. Da fängt er lauthals an zu lachen. Er sei ein Massai und ...

7. Ohrschmuck

Also, das ist so: Bei traditionellen Festen trüge er selbstverständlich die traditionelle Kleidung. Ohrschmuck gehöre zu dieser. Alles Weitere erkläre sich von selbst. Gute Idee, die Idee mit den Kringelohren. Mein Ausflug geht weiter. Nach allen Richtungen schaue ich mich um. Weit und breit kein Mensch zu sehen. Schade, dass ich mich nicht grusele. Ein gewisses Gruselgefühl liebe ich nämlich. Schon als Kind war das Märchen ‹Von einem der auszog, das Fürchten zu lernen› mein Lieblingsmärchen. Dieses Märchen konnte ich fast auswendig. Während des Lesens saß ich stets mit dem Rücken zu einer Wand. Warum wohl?

Zurück nach Kenia, in die Nähe Nairobis, in meinen Wald. In den Wald, in dem ich seit einigen Tagen lebe. Wirklich, keinen Menschen entdecke ich. Dennoch, es ist nicht still. Rascheln, Piepsen, Zwitschern, Gurren - mir bislang unbekannte Geräusche höre ich. Große, nie in meinem Leben gesehene Vögel kreischen am Himmel über mir. Unheimlich, diese Atmosphäre. Sie gefällt mir gut. Angst empfinde ich nicht. Wovor denn auch. Habe ich doch das sichere Gefühl, Gott passe schon auf mich auf. An einem riesigen Maisfeld bin ich nun angelangt. Mann, ist das hoch! Staunend betrachte ich es. Zwei schwarze Hände winken mir aus dem Maisfeld zu. ‹Jambo!› ‹Jambo›, rufe ich zurück. Staunend und aufmerksam betrachte ich dieses Maisfeld. Gefangen nimmt es mich. Ein großes Dach hinter dem Maisfeld erblicke ich.

Magnetisch zieht dieses meine Seele, meinen Körper an. Zu diesem Dach muss ich gelangen! Unbedingt! Verstand und Herz sind sich hierüber völlig einig. Ganz sicher bin ich mir: Dieses Dach muss ja zu einem Gebäude gehören. In dieses Gebäude möchte ich. Warum bloß? Diese Frage kann ich in diesem Moment noch nicht beantworten. Doch wie gelange ich zu diesem für mich so geheimnisvollen Dach? Und wie zu diesem für mich noch nicht sichtbaren Gebäude? Das vor mir liegende Maisfeld müsste ich durchqueren. Immer zwischen den Pflanzen hindurch. Keine andere Möglichkeit entdecke ich. Bei meiner Zwergengröße gar nicht so einfach. Die Maispflanzen wachsen dicht aneinander. Diese Maispflanzen sind viel höher als ich groß. Giftige Schlangen oder andere mir unbekannte Tiere leben vielleicht in diesem Feld. Moskitos werden mich zerstechen. Fast die ganze Tierschöpfung düst durch meinen kleinen Kopf. Was nun? Alle meine kurzen Bedenken kippe ich um. Nach kurzer Überlegung steht mein Entschluss auf festen Beinen. Dieses riesige Maisfeld muss ich jetzt durchque-

ren. Dieses riesige Maisfeld werde ich durchque-
ren. Dieses riesige Maisfeld überquere ich jetzt.
Sofort! Auf geht's!

8. Im Maisfeld

Ganz vorsichtig gehe ich nun zwischen den Mais-
pflanzen. Gehen kann man das eigentlich nicht nen-
nen. Also meine Füße schiebe ich mehr. Nur so leicht
versetzt zueinander. Wichtig ist mir nun, dass ich
dabei geradeaus vorwärtskomme. Mein Herz scheint
vor Freude einen Zwischenhüpfer zu machen. Das
bilde ich mir einfach ein. Biologisch geht das ja gar
nicht. Zum Himmel schaue ich zwischendurch. Du
hilfst mir doch wieder hier hinaus. Klar, gar keine
Frage! War ja auch immer so, seitdem ich nur Dir
voll vertraue. Wenn ich nicht Dir voll vertraue, wem
sonst wohl. Bewusst kein Fragezeichen. Ist ja für
mich auch keine Frage mehr. Ein tolles Gefühl habe
ich. Welch' ein Winzling bin ich doch. Aber nicht
unwichtig, mache ich mich wieder groß.
Die Natur, hier die Maispflanzen, sind viel größer
als ich. Für meine Gefühle finde ich keine Worte.
So etwas muss jeder für sich erleben. Irgendwann
erreiche ich das Ende meines Weges. Angekom-
men sehe ich aber kein Dach. Rechts von mir ist
ein Komposthaufen, eingezäunt von Draht. Nicht
besonders hübsch. Noch ein Stückchen gehe ich
weiter. Mein Blick wandert nun auf einen großen
Parkplatz. Ein Bus parkt hier. Diesem nähere ich
mich. Der Schriftzug auf der Bustür macht mich
neugierig. Fast trifft mich der Schlag. Nein, nein,
nichts Schlimmmes. Ganz im Gegenteil. Ist nur so
eine Sprachangewohnheit von mir. Auf der Bustür
steht St. Hannah's Preparatory School, Primary and
High School.

Am Ziel meines Traumes. Unterrichten in Afrika. Vor einer Klasse stehen. Interessantes erzählen. Ein Stück Kreide in der Hand halten. Eiderstedt an die Tafel zeichnen. Tönning einzeichnen. Meine Welt dreht sich. Oder drehe ich mich? Tief atme ich ein. Halte meinen Atem an. Schnaubend puste ich ihn wieder aus. Langsam wanke ich in Richtung Schuleinganstür. St. Hannah's School, Nairobi, betrete ich gerade. Im Sekretariat stehe ich nun. Eine sehr freundliche Dame sitzt an ihrem Schreibtisch. Sie lächelt mich an. Good Morning!

Good Morning! Was sie wohl denkt. Ich sei gerade vom Himmel gefallen. Außerirdische oder so. Das werde ich wohl nie erfahren. Ich lasse sie gar nicht erst zu Wort kommen. Das ist so eine Unart von mir. Schon immer und ewig. Gedanken, die mich beschäftigen, müssen hinaus. Sonst würde ich platzen. Überzeugt bin ich hiervon. Sofort beginne ich: I have a dream ... Die nette Dame greift zum Telefonhörer. Was sie sagt, nun, das verstehe ich nicht. Nach kurzer Zeit: Ein eleganter Herr betritt das Schulbüro. Er schaut mich goldig lächelnd an. Er reicht mir seine Visitenkarte. Mafabi Sezi, Deputy Headmaster, lese ich. Bevor dieser überhaupt seinen Mund öffnet, beginne ich: I have a dream ... Mr. Mafabi Sezi greift zum Telefon. Ein weiterer Herr kommt. Bevor dieser überhaupt zu Wort kommt: I have a dream ... Lehrer ist dieser Herr. Mr Moses Kika.

Er versteht meinen Traum sofort. Er lädt mich ein, ihn in seine Klasse, Klasse 7, zu begleiten. Volltrunken fühle ich mich nun. Vielleicht bin ich ja gar nicht in Afrika. Vielleicht bin ich gar nicht in einer Schule. Könnte mich nicht jemand kneifen. Das würde die Realität meiner Situation beweisen. Geht aber nicht. Wen sollte ich wohl darum bitten. Weinen geht auch nicht. Habe kein Taschentücher mit. Du meine Güte. Lehrer Mr Kika folge ich auf dem Weg zu seiner Klasse.

Vorbei geht es an anderen Klassenräumen. In den Türen zu den Klassenräumen sind glaslose kleine Fenster. Wie praktisch. Mr Kika gibt seinem Kollegen eine Information durch so ein Fenster. Informationen von Kollege zu Kollege. Das geht ganz schnell, ohne anzuklopfen... Müsste bei uns auch so sein. Quatsch, geht doch gar nicht. Wärmeverlust im Winter. Was mir aber auch alles durch den Kopf geht. Mein Herz donnert. Gut, dass den Donner niemand hört. Hoffe ich zumindest. Das Karussell meiner Gedanken dreht sich. Und das auf vollen Touren.

Lehrer Mr Kika und ich, wir sind angelangt. Den Klassenraum von Klasse 7 St. Hannah's School, Nairobi, Kenia betreten wir nun. Sofort stehen alle Schulkinder auf. Es herrscht feierliche Stille. Höfliche Stille gepaart mit Respekt. So viele schwarze Kinder! So viele schwarze Kulleraugen! Die Kinder tragen Schuluniform. Mr Kika stellt mich vor: Mrs Gabriele Gran. Mrs Gabriele Gran is from Germany. Mrs Gabriele Gran is German. Mrs Gabriele Gran has a dream ... Mr Kika erklärt my dream so klar, als wäre es sein eigener Traum. Die Schulkinder setzen sich. Jedes Kind hat ein Schreibpult für sich allein. Es ist eine Englischstunde. Mr. Kika schreibt an die Wandtafel: Thursday, 25th July 2002 Comprehension work. Primary Eng pa 148 A House on fire. Alle Kinder schlagen ihr Englischbuch auf. Ein Englischbuch bekomme auch ich. Der Text möge gelesen werden. Die Kinder melden sich. Mr. Kika ruft ein Kind auf. Dieses steht auf und liest einen Textabschnitt. Es setzt sich wieder. Mr. Kika fragt die Mitschüler, ob der Text richtig und gut gelesen wurde.

Die Kinder nicken zustimmend. ‹O.K., give him a clap›. Gleichzeitig klatschen alle Kinder in ihre Hände. Das hör- und sichtbare Zeichen ihrer Zustimmung. Es gilt zu loben ohne dabei kostbare Unterrichtszeit zu verlieren! Nachdem der ganze Text gelesen wurde, sagt Mr. Kika, er müsse den Klassenraum für ein paar Minuten verlassen. Er bittet mich, auf seinem Stuhl Platz zu nehmen. Die Kinder könnten mir ja Fragen stellen … Das tue ich doch gerne! Ich bin in Afrika. Ich bin in einer Schule. Ich bin in einer Klasse. Ich sitze auf einem Lehrerstuhl. Ich sitze an einem Lehrerschreibtisch. Ich blicke auf eine Schulklasse und …

Schluss

Einen Augenblick warte ich auf Fragen. Nichts und niemand rührt sich. Also fange ich an. Aus meiner Kindheit erzähle ich. Von dem Film, den uns Nonnen zeigten. Von meinem Traum, schwarze Kinder zu unterrichten. Vielleicht habe ich auch von meinen drei heimlichen Freunden erzählt. Auf jeden Fall von dem Soldaten aus Schokolade. Vor Lachen biegen sich die Kinder. Einige können sich gar nicht mehr einfangen. Ihr Lachen steckt mich an, und so lache ich mit. Gebrochen ist nun das Eis.

Allerlei Fragen werden mir gestellt. Zum Beispiel: ‹Darf man in Germany seine Haustiere mit zur Schule nehmen?› Nach einer Weile kommt Mr. Kika zurück in die Klasse. Er fragt mich, ob mein Traum nun erfüllt sei… Ein Stück Schulkreide erbitte ich. Ein Stück Kreide in der Hand zu halten, gehöre noch zur Erfüllung meines Traumes. Mr. Kika reicht mir ein Stück weiße Kreide. Die Umrisse von Eiderstedt zeichne ich an die Wandtafel. Tönning zeichne ich ein. Den Kindern erzähle ich, dass ich in der Nähe der Nordsee lebe... Irgendwann ist meine Unterrichtstunde in der Klasse meiner Schokoladenkinder zu Ende. Mein herzlicher Dank jedoch geht nie zu Ende. Mein Dank wird für immer weiterleben. Zurück zum Sekretariat schwebe ich: ‹Thank you, St. Hannah's School Nairobi!› Thank you so much for all your love, Mrs Secretary! Thank you, Mr Kika and all children! Thank you, Mr Mafabi Sezi! Auf Wiedersehen Kenia! Auf Wiedersehen Afrika!

Ganz langsam gehe ich in Richtung Maisfeld. Nun stehe ich davor. Heiße Tränen rinnen, nein, strömen über mein Gesicht. Benommen fühle ich mich. Behutsam, millimetererweise, führe ich meine Füße vorwärts. Am Himmel über mir kreischen große bunte Vögel: ‹Danke für Deine Liebe zu Afrika›. Mein Glücksgefühl ist unendlich... Thank you, LORD! Möge dieser Weg nie ein Ende haben...

Kommentar

Gabriele Gran hat einen Traum = Wunsch. Dessen Erfüllung darfst Du miterleben. Sie nimmt Dich mit nach Kenia. Sie nimmt Dich liebevoll an ihre Hand ... Geh' einfach mit ...

Schalom Ezra

es ist weihnachtszeit.
eine zeit, in der wir an all unsere lieben denken.
an die durch die bereits wunderschöne tür
gegangenen.
so denke ich an dich, mein jüdischer freund.
wie aufregend schön war unsere erste begegnung
in israel.
unvergesslich.
du erzähltest von deiner kindheit und jugend
in czernowitz.
ich entgegnete dir, meine vorfahren hätten mir das
leben in czernowitz
ganz anders berichtet.
du suchtest mich, nach unserem geführten
1. kennenlernen.
die frau mit der großen weiß umrandeten brille.
du hattest mich wiedergefunden.
du hattest 2 geschenke für mich.
das buch von andreas nachama: jiddisch im berliner
jargon.
und von helmut braun: czernowitz, die geschichte
einer untergegangenen kulturmetropole.
wir saßen im frühstücksraum in deinem kibbuz.
plötzlich fingen meine seele und mein körper an zu
zittern, sie weinten, sie brüllten.
<warum weinst du?>
<ich denke an gestern.>
<denk nicht an gestern, denk nur an morgen>
Ezra, mein jüdischer freund, vor mir liegt unser
erinnerungsfoto.
es spricht bände.
wir werden einander wiedersehen, alle.
und alle werden friedlich sein.
Schalom Ezra, mein jüdischer freund.

Wundervolle Türkei

Teil I

Wunderbare Tage verbringe ich in Çeşme. Çeşme ist eine Stadt in der Türkei. Ich wohne in einem typischen 3 - Sterne Familienhotel. Jeden Abend serviert der liebenswürdige Hotelbesitzer = Koch eine köstliche Suppe. Sie wird nicht so heiß serviert wie bei uns in Deutschland. Es ist eine Kartoffelsuppe. Diese Suppe macht mich glücklich. Warum? Meine Mutter kochte so eine Suppe... Außerdem serviert der Koch noch ein warmes Essen. Auch dieses zaubert mich emotional für einige Augenblicke in meine Kindheit. Die verschiedenen angebotenen Salate, vor allem deren verschiedene künstlerische Darreichungsformen, bewundere ich.

Die kleine aber feine Gaststube mit ihren alten Holztischen ist gut besetzt. Heimische Gäste, Deutsche, Franzosen, Engländer... essen miteinander. ‹Hätte ich doch noch mehr Türkisch gelernt und geübt (mit Walkman im Wohnzimmer in Tönning und auf meinen Rad-Touren ins Katinger Watt), so könnte ich dem Koch noch mehr Komplimente machen›, leide ich.

Ehrlich zugegeben, eine Köchin aus Leidenschaft war und bin ich nicht. Viel Mühe habe ich mir stets gegeben, aber eine so köstliche Mahlzeit vor die Nase gesetzt zu bekommen, gehört zu meinen absoluten Glücksmomenten. Meine erholsamen Tage in der Türkei wie auch in allen bereits von mir besuchten Ländern genieße ich in vollen Zügen. Obwohl dieses Hotel keine Wellnessoase, Bar, eine Live Band am Abend... anbietet, fühle ich mich hier sauwohl. Die Küchendüfte spielen hierbei ganz sicher eine wichtige Rolle. Es sind die in meinem Herzen und

in meiner Seele auflebenden positiven Kindheitser-
innerungen. Es scheint sich aber noch etwas ganz
Besonderes anzubahnen, etwas, was mich am fol-
genden Tag noch viel glücklicher machen wird.

Am folgenden Vormittag: Einen schönen Spazier-
gang könnte ich heute unternehmen. Links oder
rechts entlang (längs wie die Tönninger sagen), das
ist heute morgen meine Frage. O.K., heute gehe ich
mal linkslang. Allein, aber durchaus nicht einsam, so
sind nun meine Gefühle an diesem Vormittag. Nichts
und Niemand stört mich, ja im Gegenteil, ich fühle
mich, als hätte ich hier schon mein ganzes Leben
gelebt. Sonderbar! Ich gehe langsamer als sonst
und vorsichtiger. Warum?

Die Straße und somit auch der Straßenrand, an
dem ich latsche, gehen kann ich das ja nicht mehr
nennen, sind nicht so eben wie ich es gewohnt bin.
Für mich ist das aber ganz O.K. Viele Löcher haben
sich mit den Jahren gebildet. Autos röhren vor-
bei. Mopeds, auf denen Jugendliche sitzen, röhren
noch mehr. Bellende, hungrig dreinblickende Hun-
de kommen auf mich zu. Voller Hoffnung, ich hätte
etwas zu essen für sie, schauen sie mich an. Hab'
aber nichts dabei. Sie trödeln weiter. Sie treten in
Gruppen auf, Einigkeit macht stark, bringt Trost.
Herumstreunenden Katzen schenken sie keine Be-
achtung. Müssen ihre Kraft wohl sparen.

Sie kommen mir wie eine geschlossenen Hundefa-
milie vor.

Meinen Spaziergang setze ich fort. Mein Weg wird
nun noch unebener. Nun muss ich noch mehr Acht
geben. Viele kleine und große Steine liegen herum.
Wie auch immer - ich bin zufrieden, ja glücklich bin
ich an diesem mir sonderbar erscheinenden Vor-
mittag. Warum? Die Antwort werde ich bald be-

kommen. Ein paar für mich merkwürdig gekleidete Männer stehen in Gruppen herum. Vertieft in ein Gespräch sind sie. Wieder bedaure ich meine kümmerlichen Türkischkenntnisse. Andernfalls könnte ich meine weibliche Neugier ja bändigen. Das habe ich nun von meiner Faulheit, nicht noch mehr mein Türkisch gepaukt zu haben.

Ich entdecke einen kleinen Laden. Lebensmittel, Obst und bunte Ansichtskarten fallen mir gleich ins Auge. Nach einer kurzen Pause latsche ich weiter. Rechts von mir steht ein ursprünglich graues Gemäuer. Farbenfrohe mir unbekannte Blumen ranken an ihr hoch, das Grau ist nur noch ein wenig zu erkennen. Die tote Mauer wirkt auf diese Weise lebendig. Ach ja, lasst Blumen sprechen. Ein Lüftchen kommt auf. Die leuchtend bunten Blumen nicken mir zu. Am liebsten würde ich ja mit Worten zurückgrüßen. Aber wenn die Blumen mein Deutsch nicht verstehen? Also nicke ich nur wortlos lächelnd zurück. Das kommt überall in der Welt gut an. Wer weiß schon, ob eine Blume nicht doch hören kann. Besser ist besser. Da fällt mir ein: Ich pflücke nie Blumen ab oder reiße nie welche aus. In Gedanken höre ich sie jammern, sie wollten lieber bei ihren Freunden bleiben. So höre ich auch meine Kuscheltiere zu Hause reden. Aber nein, hiervon wollte ich doch gar nicht erzählen. Ich wäre ja fast vom Thema abgekommen. Das geht auf keinen Fall.

Wir sind immer noch in Çeşme, der Türkei. Die Sonne zeigt sich deutlicher, erzeugt Perlen, man kann diese auch Schweißperlen nennen, auf meiner Stirn. Da erreicht mein Glücksgefühl wieder mein Herz. Sonderbar. Mein Gefühl erzählt mir, ich würde an diesem Tag noch etwas ganz Besonderes, vielleicht für mich Einmaliges erleben. Na ja, die Spannung steigt und meine Neugier auch.

Aus dem Lüftchen ist nun ein Wind geworden. Dieser kann sich wohl heute nicht entscheiden, in welche Richtung er wehen will. Jedenfalls habe ich das Gefühl, er tanze um mich herum. Will er etwa mit mir einen Freudentanz tanzen? Wäre ja mal etwas Neues. Für Neues, mir völlig Unbekanntes in der Fremde, in der ich mich nie fremd fühle, bin ich stets zu haben. Dem Wind rufe ich zu: ‹Hallo Wind, wie geht es Dir? Woher kommst du? Wen hast du geküsst, bevor du mich jetzt küsst? Und mein zärtlicher Wind, wen wirst du wohl küssen, wenn du weiterwehst? Na ja, meine letzte Frage kannst du wirklich noch nicht beanworten. Wie solltest du wohl wissen, wer als nächster diesen Weg langspaziert. Das wird für immer dein Geheimnis bleiben.›

Der Wind küsst mich nicht nur, nein, gleichzeitig schubst er auch noch eine kleine Plastiktüte den Weg entlang. Das erste Mal ist mir bewusst, was ein Wind so alles gleichzeitig erledigen kann. In Gedanken an den Wind achte ich nicht auf meinen Weg. So stolpere ich über einen Stein. Mein Blick fällt auf meine Schuhe. Staub, Staub, Staub, aber ich bin mir sicher, es sind meine Schuhe. Da kommt es wieder, dieses unerklärlich seltsame Glücksgefühl. Einen kinderlosen Spielplatz überquere ich nun. Die sonst hier spielenden Kinder sind wohl im Kindergarten oder in der Schule, kommt es mir in den Sinn. Die Farben der Spielgeräte sind schrill bunt. Da erkenne ich den Turm einer Moschee. Wahrscheinlich sagt man nicht Turm, aber ich gestehe ich kenne die richtige Bezeichnung nicht. Muss ja nicht alles wissen oder?

Allmählich verspüre ich eine gewisse Erschöpfung.

Eine kurze Ruhepause wäre nicht schlecht. Eine kleine grüne Holzbank entdecke ich. Ich setze mich hin. Zu meinem Seufzer der Erleichterung gesellt sich noch mein Gähnen. War doch ganz schön anstrengend mein sonderbarer Spaziergang, der allmählich zu einer kleinen Wanderung gewachsen ist. Ein paar Häuser erblicke ich von meinem Sitzplätzchen. Sie sind noch nicht fertiggestellt. Ein paar Männer stecken mir unbekannte Pflanzen in den Erdboden. Sie tragen Sonnenhüte. Die Sonne lässt ihre Kraft nun fühlen. Mir gefällt das. Ich liebe diese Affenhitze.

Nun habe ich mich genügend ausgeruht. Ich setze meinen Weg fort. Nun habe ich ja ein Ziel, MEIN Ziel: Ich will, ich muss, ich gehe direkt zur Moschee. Und hier beginnt ein für mich ungeahntes Erlebnis. Ein wunderbares Erlebnis - eine Frage, meine Frage. Auf deren Antwort warte ich aber schon lange nicht mehr. Es ist eben ein Wunder, ich wundere mich einfach, und das ist doch wunderbar oder?

Teil II

Der Muezzin ruft zum Gebet.
Das macht die Sache für mich noch spannender.
Bald erreiche ich den großen Platz vor der Moschee.
Nun hellwach trotz meiner Müdigkeit von meiner Wanderung, erblicke ich eine kleine weiße Bank.
Diese hilft mir nun beim Ausruhen.
Setze mich also auf diese und bin neugierig, was wohl nun geschehen wird.
Neugier ist sehr wichtig.
Sie ist positiv.
Sie hält uns auf Trab.
Sie hält uns lebendig.
Weiß doch der Kuckuck, aber wahrscheinlich weiß

dieser das auch nicht, warum Neugier fast immer so negativ gesehen wird.

Vielleicht hängt das mit den bösen Tratschweibern zusammen, die Gehörtes ins Negative verdrehen, um sich selbst irrtümlicherweise in ein besseres Licht zu stellen.

Nein, diese Neugier meine ich hier nicht.

Ich meine Neugier im Sinne von Interesse, Teilnahme u.s.w.

Aber das müsste ich euch ja gar nicht erklären, nach ein paar von mir erzählten Geschichten, kennt ihr mich nun fast in- und auswendig.

Wo war ich stehengeblieben ?

Also, ich sitze immer noch auf der kleinen weißen Bank vor der besagten Moschee in Çeşme.

Plötzlich höre ich das Quietschen eines Autos.

Weitere Autos, dabei auch ein paar Blechkisten, stoppen auf dem Hof.

Fußgänger kommen an.

Allesamt Männer.

Sie begeben sich einer nach dem anderen zu einem großen Wasserbecken.

Sie ziehen ihre Schuhe aus.

Sie ziehen ihre Socken aus.

Aus dem Wasserhahn sprudelt frisches Wasser.

Einer nach dem anderen wäscht sich seine Hände, sein Gesicht und dann seine Füße.

Diese Reihenfolge habe ich zumindest so in Erinnerung.

Bald sind sie fertig.

Der Wasserhahn wird zugedreht.

Der Wasserhahn gurgelt noch eine Weile.

Bei meiner Fantasie höre ich ihn sprechen.

‹Nun ist aber wirklich genug Wasser verbraucht, bei dieser Affenhitze wird noch viel Wasser für andere Zwecke gebraucht.....›

Die Männer ziehen nachdem sie Gesicht, Hände und Füße abgetrocknet haben ihre Socken und Schuhe wieder an.
Einer von ihnen spricht meine Seele besonders an.
(Dieses Flirten kann ich einfach nicht lassen, warum auch, macht doch Spaß.)

Lächeln, ich lächle ihn an.
Wenn man mit einem Fremden in Kontakt kommen möchte, muss man diesen anlächeln - durchhalten - weiterlächeln, irgendwann muss dieser Mensch zurücklächeln .
Probiert das einach einmal, es klappt i m m e r und ü b e r a l l.
Dieser Mann kommt mir ein wenig schüchtern vor - die Menschen sind eben verschieden.
Was er wohl denkt.
Komisch komme ich ihm wohl vor.
Dabei komme ich mir ganz normal vor, aber das ist ja auch ganz klar, ich kenne mich ja schon eine Weile.
Wie immer trage ich eine Baseballkappe, weiße Jeans, ein Glitzershirt und so eine Art Sportschuhe.

Dieser Mann scheint ein etwas schwieriger Fall zu werden .
Ich lächle, was das Zeug hält, also so süß wie man in meinem hohen Alter eben noch lächeln ich kann.
Meinen Mund öffne ich dabei nicht, denn ich habe einen gut sichtbar vorstehenden Zahn, man könnte diesen auch Hexenzahn nennen.
Und dieser Mann könnte sich vor mir erschrecken.
Lächeln, lächeln ...
In diesem Fall wird mein Lächeln fast zur Arbeit...

Jemandem zulächeln ist der Versuch eine Brücke zu einem Menschen zu bauen.

Dieser könnte dann unbewusst leichter zu dem Zu-
lächelnden kommen.
Das ist meine Art zu leben !!!
Das macht mir (fast) jede Kontaktaufnahme ganz
leicht.
Lächeln ist also eine unsichtbare, jedoch fühlbare
Brücke zum Herzen eines anderen Menschen.

Meine guten Gefühle für und zu ihm scheinen nun
endlich angekommen zu sein.
‹Merhaba› grüßt dieser freundlich und kann sich ein
Grinsen nicht verkneifen.
‹Merhaba grüße ich zurück und...›

Teil III

Nun für mich ganz plötzlich, strahlt der mir beson-
ders sympathische Türke über das ganze Gesicht,
sogar seine Zähne strahlen. Wie? Ganz in Weiß. ‹Sie
sind Deutsche, das habe ich gesehen. Deutschland
ist ein wunderbares Land. Gut 30 Jahre habe ich
in Deutschland gelebt und gearbeitet. Es war eine
sehr schöne Zeit.
Aber wie das so ist, im Alter wollte ich dann doch
wieder zurück in meine alte Heimat, meine Kinder
sind in Deutschland geblieben. Auf diese Weise ha-
ben wir immer noch einen guten Kontakt und von
Zeit zu Zeit fahren, nein, fliegen wir nach Deutsch-
land. Ja, übrigens ich gestehe, als sie so mich so
anlächelten, zweifelte ich einen Moment, weil das
nicht so ganz typisch deutsch ist...›
Also, gestehe ich, und das nicht ohne positiven
Stolz, in mir lebten viele Nationen, aus dem 17.
Jahrhundert, sogar ein paar Türken, die vielfälti-
gen Wurzeln in mir seien wohl der Grund für mein
ungewöhnliches Verhalten. Ja, also das muss ich ja
nun wieder erzählen, weil ich mich darüber sehr

freue, mir macht dieses Verhalten jegliche Kontaktaufnahme ganz einfach. Sofort komme ich auf mein Anliegen zu sprechen: Ich würde nämlich sooo gerne einmal an einem islamischen Gottesdienst teilnehmen. Nun geschieht das für mich große Wunder: Ich habe meinen Wunsch kaum ausgesprochen, da kommt der Imam um die Ecke, er kommt auf mich zu, sagt auf Türkisch, ich könnte doch auch mitfeiern, ich könne meine Schuhe in den Vorraum stellen und mich hinten in die Moschee auf den Teppich setzen. Völlig baff bin ich, denke ich träume. Türkisch verstehen oder sprechen, dazwischen liegen ja Welten. Aber das wisst ihr ja. Wie konnte er ahnen, dass ich so gerne mitfeiern würde, er kann meine Frage an seinen Landsmann unmöglich mitgehört haben. Schon wieder ein Wunder, strahle ich.

Ich sitze hinten in der kleinen Moschee und schaue um mich herum. Diese traumhaft schönen Teppiche! Diese traumhaft schönen Fenster! Die Sonne strahlt durch diese, dadurch leuchten die Farben noch intensiver. Mein Gott, ich sitze nicht, meine Gefühle fangen an mit mir zu schweben. Ist das Wirklichkeit? Nein, ich träume. Das kann doch gar nicht sein. Quatsch, ich bin in Çeşme in einer Moschee. Das ist Realität. Schließlich komme ich zur Ruhe. Wenn mein Mittwochs-Englischkurs vom Gemeindehaus St. Peter-Ording mich doch hier sehen könnte!

Bestätigung brauche ich in diesen Augenblicken. Bewunderung auch, gebe ich heimlich zu. Die Bühne,die brauche ich zu meinem ganz persönlichen Glück. Ist ja auch nichts Schlimmes. Hat ja jeder so seinen Vogel. Ich glaube, ich spinne... Nun komme ich wieder auf den Teppich. Ach ja, schließlich sitze ich ja auf einem. Der Imam (mit Takke und

Cübbe, einer Kappe und einem Umhang gekleidet) greift zum Mikrofon und singt: Allahu Akbar, Gott ist der Größte...

Er erinnert die Muslime zu Gott zu beten und sich zu bedanken. Der Imam schreitet nach vorne in die Moschee. In der Zwischenzeit sind die betenden Türken auf ihre Knie gegangen und begrüßen Gott, indem sie sich verneigen, bis ihre Stirn den Boden berührt. Sie schauen einander an, ich verstehe das so, als wollten sie einander, also die Welt begrüßen, halten dabei ihre Arme zu Gott gerichtet. Interessant, denke ich, ihre Bewegungen unterscheiden sich von Andersgläubigen, aber der Sinn, nämlich die Ehrerbietung Gottes, der Respekt und die Achtung vor IHM zusammengefasst: Die Liebe ist doch die gleiche, nein dieselbe. Die Gotteshäuser sind in einem unterschiedlichem Stil gebaut, die Kleidung bunt, schwarz-weiß, oder...

Alles doch nur Äußerlichkeiten! Das ist GOTT doch ganz egal ... égalité. Hauptsache ist doch, Gottes Lebewesen lieben einander, geht es mir immer lauter durch meinen Kopf. Aber so sind wir, was wir nicht kennen, davor haben wir Angst. Dann kommen unsere Eltern, erzählen uns auch wiederum aus Angst vor dem Fremden, dass die Andersdenkenden, die Andersaussehenden sowieso alles falsch machten, dass diese böse seien. Die kleinen Kinder in der Familie werden manipuliert, glauben diese Unwahrheiten, werden zu Gegnern, ja Feinden des Fremdaussehenden, Andersdenkendem, jedoch in Wirklichkeit netten Mitmenschen. Und der Krieg beginnt... Ja, der Krieg beginnt in den Familien. Wir brauchen nicht in fremde Länder zu gehen um Krieg zu sehen oder zu erleben. Wir brauchen nicht täglich die Tagessschau zu sehen, um Krieg zu sehen.

Wir erleben Krieg in unseren Familien, den Keim-
zellen des Staates. Ich bemerke durchaus, dass ich
mich wiederhole.

Aber man kann dies doch nicht oft genug betonen.
Oft haben wir mit uns selbst Krieg, z.B. schon mor-
gens beim Blick in den Spiegel. Manch einer findet
sich hässlich - Hass macht hässlich. Ein Lächeln
macht jeden Menschen schön!

Allmählich werde ich wieder ruhiger, genieße die
Sonnenstrahlen, die Atmosphäre, das für mich Be-
sondere... Der Gottesdienst naht dem Ende, bald
verabschieden sich die Türken voneinander, verlas-
sen diesen wunderschönen Raum. Gott sei Dank ist
außer dem Imam noch ein Türke in der Moschee. Er
ist nicht dieser Türke, welcher in Deutschland ge-
arbeitet hat. Glück habe ich, denn ich habe noch ei-
nen kleinen für mich so wichtigen Wunsch: Ein Foto
hätte ich gerne.

Ein Foto, das den Imam und mich im Allerheiligsten
der Moschee zeigt. Ich hole also meine kleine brau-
ne Gideon-Bibel hervor. Diese habe ich stets auf
meinen Reisen bei mir. Ein Erinnerungsfoto wünsche
ich mir. Ich stelle mir vor, der Imam hält den Koran
in seiner Hand, ich meine kleine Bibel, wir reichen
einander die rechte Hand, wünschen einander und
der Welt Frieden. Ob das wohl klappen könnte?

Nun gehe ich auf den Imam zu (lächelnd, versteht
sich), ich erkläre ihm in Deutsch, dass ich den Ko-
ran in Deutsch studiert habe. Eine Bitte hätte ich
noch, ich hätte so gerne ein Erinnerungsfoto und
beschreibe ihm, wie ich mir das Foto vorstelle. Er
versteht wohl alles, was ich sage. Er ist einverstan-
den. Ich helfe ihm, indem ich den Koran, dieser hier

ist sehr groß, aus dem Regal hole. Ich reiche ihm den Koran, drücke dem anderen Türken meine Kamera in die Hand ... (siehe Bilderseiten).

So einfach ist das. Lächeln und aufeinanderzugehen. So einfach ist das Leben. Man muss dieses Leben nur leben, nicht bekriegen. Wer bekriegt, kriegt nämlich am Ende gar nichts. Er verliert alles, erst den anderen und dann sich selbst: FALLS JEDER MENSCH IN SEINER RELIGION UND TRADITION GOTT = LIEBE LEBEN WÜRDE, HÄTTEN WIR DEN VON UNS ALLEN ERSEHNTEN WELTFRIEDEN. So einfach ist das. Wir haben verschiedene Gesichter aber denselben GOTT.

Kommentar

Ein Urlaubsspaziergang mit Tiefgang. Die Autorin ist überzeugt: Der Ewige ist die Liebe in allen Sprachen der Welt.

erna, du geliebte stubenfliege

muss ich erst nach ägypten fliegen, um eine stuben-
fliege zu achten? muss ich erst nach ägypten rei-
sen, um eine stubenfliege zu würdigen? es ist wohl
so. auch erna ist ein geschöpf gottes. von zeit zu
zeit surrt erna an meinen ohren vorbei. wenn sie
besonders happy ist, piekt sie mich vor freude ins
gesicht. ich mag das. dieses liegt wohl an meiner
schrecklichen einsamkeit. room eleven eleven 1111
im paradise hotel makadi beach/ägypten. vom para-
dies jedoch weit, weit entfernt. allein, mauseallein.
gefühlte 40 grad fieber.

ich starre mit meinen glasigen augen entweder ge-
gen die weißgetünchte decke oder rechts zur seite
gegen die eidottergelbe mauer vom nachbargebäu-
de. ich, für die der ausblick aus dem raum, in dem
ich mich aufhalte, schön sein m u s s, ja, schon le-
benswichtig ist. tag und nacht, wenn ich nicht gera-
de penne, muss ich nun entweder auf die eine oder
auf die andere mauer glotzen, hundeelend ist mir.
mal kalt, mal warm. sooo verlassen. so schrecklich
verlassen fühle ich mich! nur in einem sarg kann ein
mensch sich sooo verlassen fühlen. room eleven ele-
ven 1111.

ein telefonapparat steht auf meinem nachttisch.
soll ich die raute und die 1 drücken? nach langem
zögern drehe ich mich rechts zur seite. ich drücke
auf die 2, besagte telefontaste und dann auf die 1.
rrreception. hello, krächze ich kleinlaut. hello, ich
bin krank, i'm sick, verstehen sie? sprechen sie eng-
lisch, deutsch oder irgendetwas? - schweigen - hel-
lo, ist da ein mensch? rrreceptschen, du no good?
no, i'm sick. but i must doch etwas essen - eat, sonst

verhungern. bitte, please could you bring me etwas to eat? rrreceptschen, du no good? no, i'm sick, fever. we have no room service. i ask my chef. aufgelegt.

und wenn der chef nein sagt, dröhnt es durch meinen schädel. dann werde ich lebendig zum skelett. oh gott, warum habe ich auf der brücke bei dem eisigen wind nicht meine klappe gehalten? unsere oma sagte schon früher immer: na, die gaby, na, die redet zu viel, viel zu viel. vielleicht denken das die anderen menschen auch von mir. aber wir sind doch nicht auf der welt, um uns anzustummen, oder? ich liege auf dem rücken, huste und pruste. ich schwitze, stinke, vergammle allmählich. meine schwarze glanzpyjama kik-leggins färbt immer mehr im schweiß ab. so wird das bettzeug schwarz und schwärzer. was wird der roomboy nur von mir denken? wäre ich doch jetzt in tönning! ich verreise nie wieder. bei the LORD. nie wieder!

wäre ich doch jetzt in meinem kleinen tönning. regen, kälte, matschwetter - mein kleines tönning. wo bist du und wo bin ich! wäre es doch schon samstag, der 22.12. mittags – abreisetag. mein altes herz donnert in einem affentempo. langsam fühlt sich mein kopf hohl an. ob er wohl schon hohl ist? da kommt erna wieder auf mich zu. endlich leben in dieser bude. sie surrt um mich herum – piek – fühle ich in meinem verschwitzten gesicht. danke, oh du lieber gott, flüstere ich kleinlaut, danke. DU schickst mir erna, damit ich mich nicht ganz so verlassen fühle und allmählich verzweifle. erna, du meine geliebte Stubenfliege.

das telefon bimmelt. rrreceptschen. chef sagt yes. warten du, essen kommt. oh danke, thank you, pfeife ich mehrmals aus dem letzten loch. dabei hat rrreceptschen schon längst aufgelegt. klopf, klopf, klopf an der tür. ja, wait, i come. ich komme, hauch' ich laut. fünf meter sind es zur tür (was sind schon 20 km durchs katinger watt radeln dagegen – nothing, gar nichts. vorsichtig schleiche ich am bett entlang, schiebe mich an der wand weiter – bloß jetzt nicht fallen – dann müsste ich noch länger bleiben. wait, wait, i come schon. i open the door. sechs schwarze kulleraugen starren mich ungläubig an. mann, haben die noch nie einen menschen gesehen? tänzelt es mir durch meinen glühenden schädel.

zwei kulleraugen tragen liebevoll arrangierte früchte auf zwei großen tellern, bedeckt von durchsichtiger folie, messer und gabeln in papierservietten. zwei kulleraugen tragen suppe in schälchen, hühnerfleisch, kleine köstlich ausschauende brötchen in einem körbchen. messer, gabel, löffel, papierservietten. zwei kulleraugen tragen eis, geformt zu einer platten kugel. salat, tomaten. alles fein geschnitten auf tellern mit folie abgedeckt. messer, gabel in papierserviette gewickelt. danke, danke, very kind of you, krächze ich. dabei denke ich, dass dieses essen bis samstag reichen würde, falls diese sechs kulleraugen nicht wiederkämen. jedoch, es irrt der mensch, solang' er lebt. drei mal täglich wiederholen diese sechs kulleraugen diese zeremonie. ich gebe backschisch in fünf-euro-scheinen. solche nehme ich stets zahlreich mit auf meinen auslandsreisen.

freude zeigen die sechs kulleraugen kaum über dieses trinkgeld. sie wenden keinen blick von mir. etwas verunsichert mich das, aber wirklich nur a little bit.

da düst es shortly durch meine heisse birne. per-
haps liegt es an meinen kik-klamotten. glitzerpan-
toffel, glanzleggins, ein stück tigernachthemd ist
sichtbar. darüber ein lambswoolpulli, glitzig voll mit
pailetten. 30 jahre alt ist dieser pulli und noch nie
gewaschen – noch aus meiner kapitalistenzeit. good
bye, die sechs kulleraugen verlassen meine bude,
die übrigens eiskalt ist. door too. schlürf, schlürf,
welch' kostbare soup. hühnersoup. die wird mir gut
tun, kraft geben. lecker, eine suppe kann nicht le-
ckerer sein als diese. oh danke, thank you so much.
und nun – wo sind meine blutdrucktabletten? auf
dem schreibtisch. drei meter bis zum schreibtisch.
welch eine entfernung. geschafft. die zeit steht.
sie steht ja immer. die zeit vergeht nie. wir verge-
hen. ich vergehe – niemals die zeit. hier in ägypten
im dezember 2012 spüre, ja erleide ich: die zeit
steht, bleibt, ist unvergänglich. ich bin hier jahre,
jahrzehnte. und dennoch, ich irre, diese einsamkeit
nicht mehr ertragen zu können. oh yes, i must and
i can...

da, da vollbringt erna wieder einen geiersturzflug
in mein gesicht. piek. herrlich. so etwas herrliches.
danke, thank you so much. nie mehr in meinem leben
werde ich jemals eine stubenfliege zerklatschen. es
könnte erna sein, meine geliebte stubenfliege. oder
eine verwandte von ihr.

Kommentar

Die Autorin kommt schon krank in Ägypten an. Eine Woche
verbringt sie mit einer fiebrigen Erkrankung allein in ihrem
Hotelzimmer. Erna, eine kleine Stubenfliege, leistet ihr Ge-
sellschaft. Hervorheben möchte sie hier die Hilfsbereit-
schaft der Ägypter. Sie versorgen sie selbst- und kostenlos.
Shukran, meine arabischen Freunde!

No Clean Today?

Täglich klopfen zwei weitere Kulleraugen an meine Zimmertür.
Sie haben den gleichen ernsten Blick wie die anderen sechs Kulleraugen.
Es ist der Roomboy Room eleven eleven, 1111. ‹Schau›, sage ich ihm, ‹I have fever, and my Kopf ist ganz heiß, do you understand?›
Dabei fasse ich seinen schokobraunen Arm an. Fühlste was? Ganz heiß, hab' fever, ganz heiß, verstehste?›

Der Roomboy schaut mich durchdringend ernst an.
Ich meine das von mir ersehnte Mitleid zu spüren.
Nun duchbohrt mich sein tieftrauriger Blick. Today no clean? Nee, heute no clean, but perhaps next day. Aber two towels kannste mir abgeben, die anderen habe ich nämlich vollgekotzt, womit, verstehste? Da höre ich noch einmal seine enttäuschte Stimme: Leicht kopf-schüttelnd wiederholt er: No clean today.

I close the door. Ich schließe die Tür. No clean – so einfach geht die Verneinung. Das muss ich Markus und Waltraud, Heidrun und Elke, meinen Schülern erzählen. Also Bejahung: I'm sick. Du no good? Verneinung: No clean. Ganz einfach, so einfach ist das Leben oder: Jeder hört sich selbst am liebsten zu. No, no, ich bin da ganz anders. Ich höre m i r am liebsten zu. Wie gerade jetzt.
Ein schönes 2013 – mit ganz viel Bejahung.
A Happy 2013.

Zündhölzchen der Liebe

Schön, wunderschön ist dieser Tag.
Wunderschön, weil du heute zu mir gekommen bist.
Danke hierfür.
Freuen, ja freuen konnte ich mich schon gestern
auf das Heute.
Freuen auf dich.
Dankbarkeit, dankbar bin ich, dass ich dich heute
sehe.
Hoffen, ich hoffe, du hattest eine gute Zeit.
Gemütlichkeit, mach' es dir bitte ganz gemütlich.
Sanft, ganz sanft, schließ' bitte deine Augen ganz
sanft.
Lehn' dich ruhig zurück.
Atmen, atme ruhig, gleichmäßig.
Gleichmäßig atmen, den Atem beobachten.
Loslassen, lass' alle und alles los.
Befreit bist du nun von allen dich belastenden Ge-
danken.

Lausche deinem Atem.
Du atmest ein.
Du atmest aus.
Neues Leben atmest du ein.
Altes Leben atmest du aus.
Genauer gesagt atmest du DEIN neues Leben ein
und DEIN altes Leben aus.
Jeder Atemzug bedeutet ein neues, DEIN neues
Leben.
Jeder Atemzug ist ein Neubeginn.
Atme ein und atme aus:
‹Friede komm' zu mir und geh' zu meinem Nächsten›
Ja, beim Atmen in Gedanken: ‹Friede komm zu mir
und geh zu meinem Nächsten› sprechen.

Spüren, recht bald wirst du spüren, dass ein neues,
DEIN neues Leben beginnt.
Spüren, eine neue Spur, einen neuen Weg gehen.
Spüren, aufspüren, finden, in der Spur des Friedens
wandern, wandeln.
Sich selbst in Frieden verwandeln.
Eine Wandlung erleben, durchleben.
Friede komm' zu mir und geh zu meinem Nächsten.

Hand, reich' mir bitte deine Hand.
Recht, richtig, reich' mir bitte deine rechte Hand.
Mitkommen, komm mit mir mit.
Wir beide, meine Liebe, gehen auf eine sehr wich-
tige Reise.
Nein, wir fahren nicht mit einem Auto.
Nein, wir fliegen nicht mit einem Flugzeug.
Nein, wir segeln nicht mit einem Boot.

Ja, diese Reise kann man nur zu Fuß machen.
Diesen Reisepfad muss man gehen, schreiten, be-
schreiten, Schritt für Schritt.

Hab' keine Angst, ich führe dich, liebevoll, sanft.
Dieser Pfad ist ganz sicher.
Du könntest ihn auch alleine gehen.
Nun, mir macht es viel Freude dich zu meinem Lieb-
lingsort zu begleiten.
Also begleite ich dich, führe dich dorthin, wo ich
am 8. September 2004 war.
Du bist neugierig geworden, gierig einen neuen Weg
kennenzulernen?
Du möchtest jetzt schon wissen, wo ich war?
Du möchtest wissen in welchem Land dieser Ort
ist?

O.K. Ich erzähle es dir.

Ich war in dem Land, in dem du die
ZÜNDHÖLZCHEN der LIEBE findest.

Nun lass' uns weiterwandern:
Der Weg zum Land der Zündhölzchen der Liebe ist
immer gleich weit.
Der Weg zum Land der Zündhölzchen der Liebe ist
dennoch nicht immer gleich lang.
Es ist der gleiche Weg, aber nicht derselbe.

Der Weg zu den Zündhölzchen der Liebe ist eben,
also leicht begehbar.
Jedoch, wir empfinden ihn unterschiedlich.

Mancher wird beim Wandern müde und mutlos.
Mancher zieht es vor wieder umzukehren.
Mancher irrt er würde den Weg nicht bewältigen
können.
Mancher wird von Wut und Zorn überwältigt, kehrt
wieder er um.
Mancher fängt an zu weinen, erkennt den Weg vor
Tränen kaum.

Mut, ich ermutige ich dich all deine Kräfte zu bün-
deln, du wirst diesen Weg bewältigen.
Freude, in dir kommt Freude auf.
Freude gibt dir Mut und Kraft dein Ziel zu errei-
chen.
Dein Ziel, im Land der Zündhölzchen der Liebe an-
zukommen.

Freuen, ja freu´ dich schon jetzt auf das Land der
Zündhölzchen der Liebe.

Friede komm' zu mir und geh' zu meinem Nächsten.
Friede komm' zu mir und geh' zu meinem Nächsten.

Es sind nur noch wenige Schritte.
Sehr bald kommen wir an.
Schon erblicke ich die Eingangstür.
Stille, nur mit stillen Augen kann man sehen.
Einzig stille Augen können Sehnsucht stillen.
Einzig stille Augen sehen, was wir suchen.
Seh(e)n sucht, sehen was wir alle suchen.

Wir stehen jetzt vor der Eingangstür.
Fast haben wir unser Ziel erreicht.
Diese Tür ist niedrig.
Ihre Türschwelle ist hoch.
Also eine niedrige Tür mit einer hohen Türschwelle.
Wir müssen uns beugen, also verneigen.
Unser altes Leben verlassen wir.
Unser altes Leben geht zur Neige.
Sich beugen, verneigen und einen großen Schritt
über diese hohe Schwelle gehen.
Ja, fast sind wir jetzt am Ziel.

Ruhig, ganz ruhig, lass' meine Hand nun los.
Sicherheit, hier ist es ganz sicher.
Wärme, hier ist es kuschelig warm.
Licht, hier ist es hell.
Hoffnung, hier lebt die Hoffnung, unsere Hoffnung.
Hier dürfen wir alle hoffen.
Ich, du, er, sie, es, wir, ihr, sie.
Siehst du dort hinten eine Gestalt im Lichterglanz?
Strahlender als jeder Sonnenstrahl?
Es ist GOTT, die LIEBE:
In seinen Händen hält er Zündhölzer.
ER hält sie für uns alle bereit.

Schau mal hier vorne, dort hinten, oben und unten.
Ausgelöschte Kerzen stehen hier und dort.
Ihr Docht ist schwarz.
Ja, ganz schwarz, irgendwann ausgelöscht.
Die ausgelöschten Kerzen sind Menschen.

Mit diesen Menschen haben wir gebrochen.
Wir haben ihnen bis heute nicht vergeben.
Bis heute haben wir ihnen nicht verziehen.
Wir selbst haben diese Kerzen ausgelöscht.
Es ist dunkel und kalt.

Doch wir können alle Kerzen wieder zum Leuchten
bringen.
Dies ist ganz einfach mit den Zündhölzchen der
Liebe.
Mit den Zündhölzchen der Liebe können wir sie alle
wieder anzünden.
Komm, wir gehen zu Gott und bitten ihn um Zünd-
hölzchen der Liebe.
Dann zünden wir alle von uns ausgelöschten Kerzen
wieder an.
Mit Gottes Hilfe schaffen wir dies.
Komm', wir bitten IHN um Zündhölzchen der Liebe.
ER schenkt uns so viele wir möchten.

Wie lange hat GOTT schon auf uns alle gewartet?
Auf mich, dich, ihn, sie, uns, euch, sie ...
Lasst uns alle von uns ausgelöschten Kerzen wieder
anzünden:
Die Kleinen, die Großen, die Dicken, die Dünnen, die
Kerzen aller Farben ...
Klarer sehen wir jetzt.
Klarheit bekommen wir nun.
Klar wird uns nun alles.
Geklärt wird alles.
Klarblick erhalten wir nun.

Im Licht werden wir alle leben.
Wir können sogar selbst leuchten.
Eine Leuchte wird einer für den anderen sein.

Erzählen - nur falls einer dem anderen von den Zündhölzchen der Liebe erzählt, werden wir Licht auf Gottes Erde haben.

Anzünden - nur falls wir alle von uns ausgelöschten Kerzen mit den Zündhölzchen der Liebe wieder anzünden, haben wir

FRIEDE AUF ERDEN UND DEN MENSCHEN EIN WOHLGEFALLEN!

Kommentar

Nach einer Augenoperation kann die Autorin ihre Umwelt für ein paar Tage nicht erkennen. Jedoch in dieser vermeintlichen Dunkelheit sieht sie ein leuchtend helles, wunderschönes Bild. Sie erkennt einen Menschen in langem weißen Gewand. Er hat für sie deutlich sichtbar Zündhölzer in seiner rechten Hand. Die Erzählung <Zündhölzchen der Liebe> wird geboren.

Let Go - Let God

As children bring their broken toys with tears for us to mend,
I brought my broken dreams to God because HE was my friend.

But then instead of leaving HIM in peace to work alone,
I hung around and tried to help with ways that were my own.

At last I snatched them back and cried:
<How can you be so slow?>

<My child,> HE said: <What could I do?>
YOU NEVER DID LET GO
(Kristone)

Lass los und lass den Ewigen

Wie Kinder ihr kaputtes Spielzeug zu ihren Eltern bringen, damit diese es reparieren, so trug ich dem Ewigen meine Wünsche vor und wollte, Er würde diese realisieren.

Anstatt ruhig und geduldig seine Entscheidung abzuwarten, quatschte ich laufend dazwischen, begann wieder mein eigenes Ding zu starten.

Ich riss ihm meine Wunschliste aus der Hand und brüllte: ‹Himmel! Herr! Wie kann man nur trödeln?› Machte also mein eigenes Ding, fing wieder an zu blödeln.

Daraufhin erklärte mir der Ewige: ‹Mein Kind, meine Pläne mit dir und meine göttliche Zeit gelten jetzt und in Ewigkeit. Jedoch, was du heute wünschst und auch tust, bringt nichts als Unheil und Streit.›

Smile

smile though your heart is aching
smile even though it is breaking
when there are clouds in the sky
you`ll get by if you smile.

your fear and sorrow
smile and maybe tomorrow
you`ll find the sun comes
shining through for you.
light up your face in gladness
hide any trace of sadness
although a tear will be so near
that is the time you must keep on,

smile, even though you are crying
smile, you will find that life
is still worth - while
if you just smile!

Lächle

lächle, auch wenn es im herzen sticht,
lächle, auch wenn du glaubst, es bricht
lächle, ist der himmel auch mal nicht hell
lächle, es wird wieder schön, ganz schnell.

lächle, hast du auch kummer und sorgen,
lächle, und die sonne scheint, schon morgen
lächle, und du wirst sehn,
lächle, und alles wird wieder schön.
lächle, lass dein gesicht scheinen,
versteck jede spur der sorgen,
und ist dir auch zum weinen,
du wirst sehn, schon morgen,

IST DAS LEBEN WIEDER SCHÖN,
WENN DU NUR LÄCHELST!

Die Falle

Gestern werd' ich tot sein,
ja, so ist das Leben.
Und wo wird die Sonne sein?
Haben wir ein Beben?

Ach, ich kleines Dummerchen,
bin schon heut' nur Zahn und Bein,
flieg' als Friedhofs Brummerchen
in dein Küchenfenster rein.

Gestern war ja alles besser,
sogar Nachbars Hund aß schon mit Messer.
Aß vom goldnen Tellerlein,
und im Salon, da lebt ein Schwein.

Gestern werd' ich tot sein,
denk hieran, mein Sonnenschein,
gib heut' all dein Haben aus,
bist dann aus der Falle raus!

Kommentar

Die Falle ist textmäßig kurz. Der Inhalt jedoch ist der Weitläufigste. Der Falle können wir alle nur schwerlich entrinnen. Die Falle spielt in 3 Zeitebenen: Vergangenheit, Gegenwart, Zukunft. Hat die Falle schon zugeschnappt? Ein einziger Wimpernschlag - und wir haben alle 3 Zeitebenen durchlebt. Ja, haben wir wirklich alle 3 Zeitebenen durchlebt? Waren wir eventuell nur vorhanden? Hatten wir wahre Erlebnisse? Oder waren / sind wir schon lebendig begraben? Begraben in und von der Falle? Welchen Namen trägt meine, deine, unsere Falle? Sex? Macht? Geld? Unsterbliche Fragen ...

Distel oder Schmetterling

Möchte ich ein schillernder Schmetterling sein?
Erfreuend flattern durch Gottes Sonnenschein?

Möchte ich lieber wie eine Distel leben?
Die stechen, die mich streicheln mögen?

Nun, wie entscheide ich mich? Und wie du?
Wir vergehen so oder so, jetzt, bald, im Nu.

Möchte ich erfreuen oder leiden lassen?
Möchte ich lieben oder andere hassen?

Möchte ich trösten oder Schmerzen bringen?
Gott stellt uns frei, ob wir seine Lieder singen!

Es irrt der Mensch solang' er lebt

Es irrt der Mensch so lang' er lebt,
der Schmetterling von alleine schwebt.
In seiner kleinen und auch großen Not
lässt es sich tragen von seinem guten Gott.
Sein Mühsal war... und ist immer gleich,
wurde gestern... wird heute ...
getragen vom Himmelreich.
Der entscheidende Unterschied nur ist,
dass er heute seine Not nicht in sich frisst.
Sein' Last er heut' an Den Ewigen schreibt,
sodass für ihn selbst kaum etwas übrig bleibt.
Er erkennt, und er somit fein abwägt,
dass Der Ewige des Schmetterlings Last auf seinen
Schultern trägt.
ER ist es, welcher nun trägt all' die schweren
Steine.
Die Außenwelt irrtümlich glaubt, der Schmetterling
flöge von ganz alleine.
Erst nach Jahren erkannte er es ganz klar,
dass der Herr, Der Ewige, stets an seiner Seite war.
Tagtäglich ruft er nun zu seinem Gott,
der ihn erhört in seiner Not.
Tagtäglich öffnet er seinem Herrn seine
Herzenstür
und bittet: ‹Herr, nimm meinen Rucksack hier.›
ER tut es mit einem Lächeln und viel Freud',
so darf der Schmetterling weiterflattern...
das ganze Heut'.
Er schleppt nicht mehr selbst die vielen Sorgen,
Er überlässt sie Gott, und das heute und morgen.
Die Last ist dieselbe in seinem Herzen,
nur durch IHN leidet er weniger seine Schmerzen.
Das ist der fühl- und sichtbare Unterschied...
In schwesterlicher (brüderlicher) Liebe ich diese
Zeilen schrieb.
Es irrt der Mensch, solang' er lebt,
der Schmetterling von alleine schwebt.

Eine kleine Tanne

Eine hübsche Tanne bin ich, und ich stand im Wald.
Wunderschön war es dort, wenn auch bitterkalt.

Dort wuchs ich glücklich, und das Jahr für Jahr.
Meine Freunde waren Kiefern, Fichten, wunderbar.

Eines Tages erschreckten mich Schritte, es war
ganz fürchterlich.
Ich erblickte einen Spaten und schrie: ‹Ihr meint
doch nicht mich!›

Jedoch all' mein Schreien, Flehen und Jammern hal-
fen mir nicht.
Man grub mich aus, stellte mich in den Garten ne-
ben einen Wicht.

Sehr traurig war ich nun, und so blickte ich auch
drein.
Nichts tröstete mich, nicht Lametta noch Kerzen-
schein.

Wunderschön, so meinten die Leute, wär' ich ge-
schmückt.
Für mich war das eine Quälerei, ich wurde nicht be-
glückt.

So fing ich an zu träumen von alten Zeiten,
von meinen Freunden, all' den Gescheiten.

Träumte von wärmender Sonne und säuselndem
Wind.
Da hörte ich eine Stimme:
‹Sei nicht traurig mein Kind.

Es werden noch kommen sehr glückliche Tage,
vertraue darauf, was ich dir heute schon sage.>

Ich wartete geduldig, und dies 10 Tage ganz still,
Hilfe, die Leute stellen mich hinaus auf den Müll.

Ich zittre vor Angst und dann bete ich zum Herrn.
Seine Antwort: <Habe Geduld, ich habe dich gern.>

So stehe ich zitternd und zagend am Straßenrand.
Meine Rettung bezweifelnd, gesteh' ich zur Schand.

Nun höre ich laute Schritte, was wird geschehen?
Ach, Leute, könntet ihr mich hier zittern sehen.

Eine alte Frau kommt zu mir, tröstet mich: <Du klei-
ner Baum,
so einen wie dich suchte ich schon lange in meinem
Traum.

Ich nehme dich mit in meinen wunderschönen
Garten,
dort wirst du noch etwas wachsen, musst also
warten.

Und bist du dann groß, sprichst deutlich aus deinen
Heimatort,

oh du meine kleine Tanne, ich halte bestimmt mein Ehrenwort:

Ich bringe dich zurück zu deinen Freunden in den Wald.
Du siehst sie alle bestimmt wieder, und das schon bald.

Und im nächsten Dezember, wenn es ist wieder soweit,
hole ich dich in mein Wohnzimmer zur Weihnachtszeit.

Ich bringe dich auch bestimmt zurück nach dem Feste,
Im Wald bei deinen Freunden ist es für dich das Beste.>

Nicht weinen nur warten

Mir scheint, es war doch nur ein Traum.
Ich reibe meine Augen, glaube es kaum.

Unsere gute Mutter lebe nicht mehr?
Meine Augen sind von Tränen schwer.

Gerade war sie noch so fröhlich, immer chic.
Für die Missachteten ihr tröstend Glück.

Es ist Weihnachtszeit. Ihr Tannenbaum?
Ist keiner hier? Eine Lüge, nur ein Traum.

Wo sind die Kekse köstlich, bunt?
Suchend schaue ich in die Rund'.

Sagt Leute, ist das wirklich wahr?
Ist unsere Mutter nicht mehr da?

Am Fenster stehe ich, mein Herz ist schwer,
Schreie: ‹Mutter, gibt es dich nicht mehr?›

Schritte höre ich, mir wird ganz bang'.
Wer stapft durch den Schnee entlang?

Eine Stimme spricht so lieb so zart.
Das war doch immer Vaters Art.

Sie wird deutlich, hört was sie spricht:
‹Macht mir doch auf, und weinet nicht.›

Es klopft an die Tür. Kann er das sein?
Ich öffne. Er ist es im Glitzerschein.

‹Ich bin es, euer Vater, ihr kennt mich noch,
so viele Jahre warte ich, das war mein Joch.

Die Zeit ging vorüber, doch nicht mein Glück.
Ich holt' mir die Mutter und ging dann zurück.

Ganz lange schon war ich hierzu bereit.
Gott jedoch rechnet ja mit anderer Zeit.

Nun durfte ich die Mutter holen zu mir zurück.
So weint nicht ihr Kinder. Sie ist ja mein Glück.

Ja, ich durfte sie holen, zu Gott hinauf.
Hört auf zu weinen, hört endlich auf.

Der Weg war schwer, und auch sehr weit.
Verzeiht mir, ich weiß, es ist Weihnachtszeit.

Das Glück wird uns für immer vereinen.
Hört auf, ihr braucht nicht zu weinen.

Fröhlich wandern wir im Gottesgarten.
Werdet fröhlich, ihr braucht nur zu warten.

Wir sind zwar fern, aber gar nicht fort.
Wir leben nun friedlich an Gottesort.

Vom Himmel schau'n wir zu euch herunter.
Ich male Bilder, noch leuchtender, bunter.

Bunter als jemals in unserem Erdenleben.
Und Mutter ist bei mir, sitzt immer daneben.

Die Sonne, die Liebe, tut jeden Tag scheinen.
Beruhigt euch, ihr braucht nicht zu weinen.

Wie schön ist es, das Leben bei Gott.
Alle sind friedlich, ganz ohne Not.

Wir grüßen euch alle von unserem Stern.
Erfüllt uns die Bitte, habt einander stets gern.

Mein Kind werde Du stille

Mein Kind, werde du stille,
wenn du hören möchtest Gottes Wille.

Mein Kind, leih' Gott dein kostbares Gehör,
und sorg' dafür, dass dich niemand dabei stör'.

Mein Kind, Gott macht keinen Krach,
werde du ganz leise, wenn dich quält ein Ach.

Mein Kind, nur in Stille verstehst du, was Gott zu
dir spricht,
und nur was ER sagt, hat in deinem Leben Gewicht.

Mein Kind, Gott spricht zu dir flüsternd leise,
ER tut das auf seine ganz besondere Weise.

Mein Kind, du bist nie allein,
Gott weilt stets in deinem Haus,
du irrst, wenn du glaubst, es gäbe ein Aus.

Mein Kind, Gott teilt dir nie aus schmerzende Hiebe,
nein, Gott spricht und tut alles voller Liebe.

Mein Kind, Gott spricht zu dir nur zu Deinem Segen,
hält dir vor ein Stoppschild, bist du auf falschen
Wegen.

Mein Kind, schenk' nur Gott dein ganzes Vertrauen,
nicht auf Menschen, nur auf IHN kannst und sollst
du bauen.

Mein Kind, geh' hinunter auf deine Knie,
Dank' IHM und vergiss das nie!

Mein Kind, werde du stille,
nur in der Stille hörst du Gottes Wille …

The difference

I got up early one morning
and rushed right into the day;
I had so much to accomplish
that I did not have time to pray.

Problems just tumbled about me
And heavier came each task;
<Why doesn't God help me?> I wondered
He said, <But you did not ask.>

I wanted to see joy and beauty
But the day toiled on grey and bleak;
I wondered why God didn't show me.
He said, <But you didn't seek.>

I tried to come into God's presence;
I used all my keys at the lock.
God gently and lovingly chided
<My Child, you didn't knock.>

I woke up early this morning
And paused before entering the day.
I had so much to accomplish
that I had time to pray.

                    Author unknown

Der Unterschied

An jedem Morgen stand ich auf,
nahm rastlos meinen Tageslauf,
dachte immer nur, was mich alles plagt,
Guten Morgen, lieber Gott, ich niemals sagt.
Probleme zerfurchten mein Gesicht,
eine Lösung für sie fand ich nicht .
‹Gott, du hilfst mir nicht, alles fällt mir so schwer.›
‹Mein Kind, hast jemals du zu mir gesagt:
Komm her … ?›

Spaß und Vergnügen wollt ich seh'n,
die Welt bereisen wunderschön,
nichts hatte Wert, was ich auch gebucht.
‹Mein Kind, hast du MICH jemals in der Welt ge-
sucht?›

Ich wollte Dich besuchen, ging doch hin zu dir,
doch ich fand überall verschlossen deine Tür .
An deiner Tür rüttelt' ich, bis Schweiß mir von der
Stirn hinuntertropft.
‹Mein Kind, hast du denn jemals ANGEKLOPFT?›

Ab heute steh' ich jeden Morgen auf.
Mein Tag nimmt seinen Tageslauf.
In Ruhe mach' ich mich bereit,
‹Moin, Moin lieber Gott, wir beide zusammen haben
eine gute Zeit.›

(Übersetzung: Gabriele Gran)

I had a dream
Mein Massai und sein Sohn

Ronny und ich

Mein jüdischer Freund Ezra

Margitta und ich

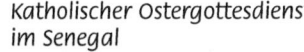

Meine Familie

Katholischer Ostergottesdienst im Senegal

Schulklasse Moses Kika

I had a dream:
Mein Schuljunge
im Wald

St. Hannah's Preparatory School:
Erinnerungsfoto in der Schule

Afrika –
meine große Liebe

Meine Hütte im Senegal

Ein Blumen-
hocker, ein Stuhl
– fertig ist mein
Schreibtisch

Selten so gelacht: Schoki mit Katze

Fröhliche Kinder
in Kenia

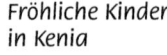

Bibel + Koran

Mein Heimatdorf

Meine Mutter

Die kleine Tanne

Die Liebe

Oh Mensch bedenk':
Die Liebe ist kein Kredit.
Die Liebe ist ein Geschenk.
Vorausgesetzt wir diese leben,
gelingt unser Leben, wird zum Segen.

Das Himmelreich

Das Himmelreich ist des Menschen Wille.
Selbst wenn er ahnt, es auch genau weiß:
Eines Tages wird er ihm zur bitteren Pille!

Gebet zur Nacht

Lieber Engel schenk' mir Ruh,
deck' mich mit deinem Frieden zu.
Nimm ganz zärtlich meine Hand,
begleite mich durchs Träumeland.

Ich wünsch' mir, beschütz' mich diese Nacht,
bleib' bei mir, gib auf mich Acht.
Morgen früh danke ich dir,
bin nicht mehr ich, sondern wir.

Danke du heutiger Tag

Lieber Tag ich danke dir.
Das Heute hat gefallen mir.
Komm bitte morgen wieder in mein Haus.
Ich weiß, du siehst dann ganz anders aus.

Auch ich werde morgen ganz anders leben.
Werde mich nicht so wie heute geben.
Doch was auch immer kommen mag,
ich werde dich lieben, du morgiger Tag.

Das sprechende Bett

Oh, ich finde es heute so richtig nett,
ich, das sprechende Bett.

Oh, wie sind sie doch süß,
diese kleinen schnuckeligen Füß.

Oh, diese kleinen Händchen, so goldig und fein,
könnt' ich doch auch mal so hübsch sein.

Oh, diese Äuglein, sie blinzeln so nett,
bin ja so happy, ich, das sprechende Bett.

Oh, was bin ich heut' glücklich und auch so froh,
es ist einmalig schön, ob auf dem Bauch oder Po.

Oh, wie es duftet hier und sogar da,
nach feinen Ölen und auch nach Nivea.

Oh, wie freu' ich mich über dich,
für immer bleiben wir glücklich, du und ich.

Ach, wie doof find' ich es heute, so gar nicht nett,
ich, das sprechende Bett.

Ach, wie sind sie schrumplig, so gar nicht mehr süß,
diese Käsemauken, Quadratlatschenfüß'.

Ach, diese faltigen Pranken, so zittrig und kalt,
ich hab` Gott sei Dank nur Holzbeine, werden niemals so alt.

Ach, diese wässrigen Augen, sie glotzen,
welch' Schreck,
Könnt' ich laufen, wär ich schon lange weg.

Ach, welch ein fürchterlicher Tag,
es wird noch schlimmer, was wohl noch kommen mag.

Ach, wie es riecht, halt' es kaum noch aus,
höchste Zeit, die Sozialschwester kommt in unser
Haus.

Ach, wie schrecklich ist nun mein Leben, Oh, si-
cherlich wirst du bald nach oben schweben.

Eine wunderschöne Tür

Er ist eine wunderschöne Tür.
Ich gehe hindurch, bin nicht mehr hier.

Bin nicht mehr auf Erden.
Hab' keine Beschwerden.

Eines ist gewiss.
Ich erfreue mich nun im Paradies.

Ich singe wunderschöne Lieder.
Ich treffe meine Eltern, meine Tochter wieder.

Ich tanze und singe.
Allen Menschen im Himmel ich Freude bringe.

Der Tod, mein Freund, gestern, heute und morgen.
Denn ich habe nie mehr Kummer und Sorgen.

Der Tod ist herrlich.
Alles ist leicht, nichts ist beschwerlich.

Mein Sterben ist schwer.
Werde allmählich leichter und leichter, von Sorgen
ganz leer.

Der Tod ist eine wunderschöne Tür zum Leben.
Es gibt keine Hürden, alles ist eben.

Könnt' ich mein Sterben überspringen.
Ich würde nur noch tanzen und singen.

Festhalten

Wer sein Leben lang in dieselbe Richtung fuhr,
wer niemals verließ seine geübte Spur,
dem wird, wandert er statt links ... rechts entlang
um sein Herz oh jeh - ganz bang.

Wer sein Leben lang sich wehrt gegen neue Wege,
kann selten rufen: ‹Hallo, ich schwebe!›
Er irrt, fährt er mal andersherum entlang,
seine Lebensmelodie hätt' einen falschen Klang.

Wer sich stets hinter seiner Gewohnheit versteckt,
wer niemals etwas Neues entdeckt,
der erfährt nie, wo überall Liebe wohnt,
und wird vom Leben gar wenig belohnt.

Wer das Festhalten seiner Vergangenheit
einst schwor,
und glaubt er diese so nie verlor,
dem wird eines Tages - jedoch zu spät erst klar,
dass seine Gegenwart bereits Vergangenheit war.

Wer sein Leben lang meint, er könne Vergangenes
pachten,
wer niemals tut in seiner Gegenwart schmachten,
der weiß noch nicht, was er verlor,
noch erkennt er nicht sein leeres Tor.

Wer sich ein Leben lang vor anderen bückt,
wer niemals sich dann selbst beglückt,
dem wird zum Lebensschluss erst klar,
dass er stets war und ist: ein Narr.

Darum ihr Leute, hört mir zu,
steht mutig auf und bindet eure Schuh',

packt fröhlich ein Brot, Wasser und einen Wanderstab,
wandert los, und ihr werdet spüren, eure Sorgen fallen ab.
Ich wünsch' euch heut' auf diese Weise
eine fröhlich' Gott beschützte Reise.
Und kommt ihr irgendwo in Not,
dann könnt ihr euch ja festhalten -
doch nur an unserem Guten Gott.

Fensterbrechen

Das riecht ja hier, das riecht ja hier nach Motten-
kugeln. Ich betrete gerade das Gemeindehaus in
Lüdershagen. Für mich liegt Lüdershagen am Ende
der Welt. Und das meine ich durch und durch po-
sitiv. Hier kann man nämlich zu sich selbst finden.
Oder kann man sich selbst finden? Na ja, heute am
letzten Tag des Jahres 2002 möchte ich nämlich
am Gottesdienst teilnehmen, und der findet im Ge-
meindehaus statt.

Übrigens, dieses Mal bin ich schlauer als letztes
Mal. Ich war nämlich schon einmal in Lüdershagen.
Damals wollte ich auch zum Gottesdienst, und da
stand ich vor der mächtigen Kirche und las in dem
Aushängeinformationskasten, oder wie so ein Kas-
ten heißt: ‹Der Gottesdienst findet in Saal statt.›
Na ja, dachte ich - immer Ärger mit den Dativ. Aber
eigentlich müsste der Pastor doch die 4 Fälle und
somit auch den Dativ kennen. Es heißt doch der Got-
tesdienst findet im Saal statt. Und so stand ich lan-
ge vor der Kirche. Ich wunderte mich, dass niemand
zum Gottesdienst gehen wollte. Also, ich stand dort
wie bestellt und nicht abgeholt. Da plötzlich schoss
es in meinen Kopf: Hier gibt es doch einen Ort mit
dem Namen Saal. Na ja, nix wie hin! Der Gottes-
dienst findet also in Saal statt.

Doch nun zurück zu den Mottenkugeln, die im Ge-
meindehaus ihren einzigartigen Duft verbreiteten.
Und Erinnerungen werden wach. Ja, diese Motten-
kugeln riechen doch ganz gut, und ich phantasie-
re: Da hat so ein Mantel einen Menschen treu und
kuschelig jahrelang, ja vielleicht sogar jahrzehn-
telang gewärmt. Er möge eben noch viele Jahre
halten, und dafür braucht man eben Mottenkugeln.

Niemand soll diesen Mantel zerstören und schon gar nicht auffressen. Nein, das hätte dieser Mantel wirklich nicht verdient.

Nun betrete ich den Gemeinderaum. Dieser ist nicht sehr groß. Aber groß genug. Und er ist proppenvoll. 16 Leute zähle ich einschließlich Organist. Alle bereits Anwesenden schauen sich zu mir um. ‹Wer diese neue Alte wohl ist?›, denken sie jetzt vielleicht. Einladend tönt es von vorne links: ‹Gommse doch hier worne hin, bei uns is noch Blatz.› ‹Danke, vielen Dank, sehr nett›, entgegnete ich höflich nickend, ‹aber ich sitze so gerne hinten.› Mein Blick fällt auf den Tannenbaum links vorne in der Ecke. Irgendetwas stimmt mit ihm nicht. Irgendwie tut er mir richtig Leid. Da hat ihm doch jemand seinen Kopf abgehackt. Gab es denn keinen kleineren Baum - passend für diesen Raum? Schön geschmückt ist er ja, sehr schön sogar. Ja, das möchte ich doch hier betonen.

Vorne links sitzt ein älteres Ehepaar. Der Mann ist von harter Arbeit gezeichnet. Die Frau, sicherlich Mutter von mehreren Kindern und bestimmt schon längst Großmutter, schaut sehr müde aus. Hat bestimmt nur für ihre Kinder gelebt. Ihre wuscheligen Haare haben schon längst vergessen, was eine Dauerwelle ist. Ich habe diese Frau noch nie gesehen, und doch kommt sie mir bekannt vor. Irgendwie mag ich sie. Aus der Reihe hinter ihr tönt es: ‹Und wie viele kommen dieses Jahr zum Jahreswechsel?› Bevor diese müde Frau antworten kann, tut es ihr Mann. ‹15 - alle kommen.› ‹Detlef auch?›, hakt der hinter ihr sitzende Frager nach. ‹Detlef nicht, der war schon Weihnachten da.› ‹Letztes Jahr haben wir 190, mal seh'n, wie viele es dieses Jahr Silvester werden.› Leider geht das Ende des Satzes im

Gemurmel der Gemeinde unter. 190, hm - hat diese mir sympathische Frau vielleicht 190 Pfannkuchen gebacken? 190 Kartoffelpuffer oder waren es 190 Krapfen? Eine Antwort hierauf werde ich wohl nie bekommen. Oder vielleicht doch? Ich könnte ja dieses Jahr wieder nach Lüdershagen reisen und sie fragen.

Punkt 10 Uhr. Der junge Herr Pastor betritt den Gottesdienstraum. Er stellt sich vor die Gemeinde, und er begrüßt uns alle ganz herzlich. 17 Leute sind wir nun. 17 hunderprozentig freiwillig Gekommene.

Der Organist, heller Strickpulli, dunkle Hose, fein geputzte Schuhe, selig vor sich hinlächelnd, mir äußerst sympathisch, haut in die Tasten. Sicherlich empfinden er und die Gemeinde das gar nicht so. Auf jeden Fall, meinem Tinnitus ist das zu viel. Mit dieser Lautstärke ist er nicht einverstanden. Schnell, schnell, zielstrebig drücke ich auf den Öffnungsknopf meiner schon so oft geklebten Billighandtasche, fuchtle meine Ohrstöpsel heraus - und zack hinein mit ihnen in meine Ohren. Huach - ein Seufzer der Erleichterung.

Ich versuche mich jetzt auf den Gottesdienst zu konzentrieren. Vor mir sitzt ein Ehepaar. In ihrer Mitte ihr etwa siebenjähriges Töchterchen. Heute Morgen hat es ein feines Sonntagskleidchen an. Es scheint mit einer Perlenkette zu spielen. Genau kann ich das nicht sehen. Warum nicht? Na ja, ich sitze doch hinter ihr. Das erste Lied wird gesungen. Mit leisen Worten, jedoch eindeutig abfälliger Miene, flüstert die junge Mutter ihrer Tochter ins Ohr: ‹So machen das die Katholiken, die nennen das Rosenkranz.›

Tja, grüble ich, da weiß ich doch gleich Bescheid, wie diese junge Mutter zu den Katholiken steht, und ich wünsche mir: ‹Hoffentlich wird dieses kleine Mädchen diese in abfälliger Art ausgesprochene Bemerkung ihrer Mutter ganz schnell vergessen, denn Gott hat uns Menschen nicht in Katholiken und Protestanten eingeteilt. Gott hat alle Menschen gleich lieb. Ich muss mich jetzt aber endlich auf den Gottesdienst konzentrieren. Mein Blick wandert über den Friedhof in den romantisch verschneiten Kirchgarten. Er sieht aus, als hätte der liebe Gott heute Puderzucker vom Himmel gestreut.

Ein Lied nach dem Anderen wird gesungen. Mitsingen kann ich ja leider nicht. Warum nicht? Na, wegen meiner Ohrstöpsel. Da weiß ich doch nie, wie laut ich singen soll. In Gedanken folge ich dem Liedtext. Die junge Mutter vor mir sitzt besonders aufrecht auf ihrem Stuhl. Weißer Pulli grauer langer Rock. Sie singt aus voller Kehle. Sie strahlt so eine gewisse Ordentlichkeit aus. Von Zeit zu Zeit schaut sie liebevoll prüfend, seelisch zufrieden nickend zu ihrem Ehemann. ‹Braucht sie doch gar nicht›, protestiere ich innerlich. Er sitzt doch aufrecht, korrekt, sich bemühend mitsingend ... Ich würde mich ja so gerne auf den Gottesdienst konzentrieren. Der junge Herr Pastor ist schon bei seiner Predigt angelangt.

Ich blicke nach links hinten, wo der Organist Orgel spielt - und das mit Inbrunst. Entschuldigend lächle ich ihn an. Warum entschuldigend? Schließlich habe ich mir ja meine Ohrstöpsel in die Ohren geklemmt. Nun könnte er meinen, sein Orgelspiel gefiele mir nicht. Er lächelt die Tasten an, als sei er in sie verliebt. Ich phantasiere: ‹Vielleicht war er ja Dorfschullehrer, Lieblingsfach Musik.› Der junge Herr Pastor muss wohl lauter geworden sein. Ganz plötzlich, mit einem Ruck, komme ich von meinem

Gedankenrundgang zurück. Betont und vernehmlich hallt seine überzeugende Stimme durch den Gottesdienstraum. Trotz meiner Ohrstöpsel höre ich klar und deutlich: ‹Fensterbrechen im neuen Jahr, wir müssen es immer wieder versuchen.›

Richtig, nicke ich zustimmend: Nur durch Bruch entsteht Neues. Der Alte Mensch muss zerbrechen. Ein Neuer Mensch in Gott muss entstehen. Durch das Fenster der Nächstenliebe sollen wir unseren Nächsten sehen, ihn lieben wie uns selbst. Das ist Gottes Wunsch. Ich, Gabriele Gran, möge Fensterbrechen. Ich soll meine Sichtweise verändern, das alte Fenster zerbrechen und durch ein neues Fenster schauen und danach leben. Ich soll mich verändern. Ich soll meine Nächsten dulden, Geduld mit ihnen haben. Ich soll meinen Nächsten respektieren, würdigen, ihn würdevoll behandeln, ganz gleich welcher Konfession, Nationalität oder Hautfarbe er ist.

Gott hat alle Menschen gleich lieb. Fensterbrechen, eine neue liebevolle Sichtweise leben, ein wunderbares Ziel für uns alle. Nur falls wir Gott = Liebe leben, werden wir keinen Streit, keinen Krieg mehr haben. Das ist die Weltfriedensformel!

Findet ihr nicht auch, es ist doch gar nicht so schlimm, dass ich während des Gottesdienstes meinen kleinen Gedankenrundgang gemacht habe - oder? Der junge Herr Pastor hat das bestimmt nicht bemerkt, und er wird sicherlich nie etwas davon erfahren. Oder doch? Also ich mache mich jetzt auf den Weg. Ich will Fensterbrechen. Hey, Du da, kommste mit?

Diese Geschichte, auch auf Kassette aufgenommen, habe ich kurze Zeit später dem jungen Herrn Pastor und somit der Gemeinde Lüdershagen zugesandt.

Kommentar

Die Autorin versucht angestrengt, einem Gottesdienst zu folgen. Doch ihre Gedanken schweifen immer wieder ab. Sie ist erst wieder bei der Sache, als sie vom Pastor laut und deutlich das Wort <Fensterbrechen> vernimmt. Bruch mit Altem, neue Fenster aufreißen - das macht den Blick frei und ermöglicht eine ganz neue Sicht auf die Welt. Unser Blick wird frei, befreit uns, bietet uns Freiheit neue Wege zu beschreiten. Fensterbrechen ermöglicht uns eine neue, vorher noch unbekannte Welt zu entdecken. Die Weltfriedensformel ist geboren: <Der Ewige = Liebe leben = Weltfrieden>: Falls (Bedingung!) jeder Mensch in seiner Religion Liebe leben würde, gäbe es keinen Krieg!

Briefwechsel mit Gott

Absender: Eine verzweifelte Mutter auf der Erde
Empfänger: Gott Vater, Sternenstr. 12, im Himmel

Oft betete ich:
Herr dein Wille geschehe.
Jedoch nun ist Alles=Nichts.
Nur mein totes Kind ich sehe.

Sehr freute ich mich.
Konnte endlich wieder hoffen.
Doch nun bluten Wunden in mir.
Fragen an dich brodeln offen.

Gott, ich weiß:
Nur Freude soll ich dir bereiten.
Entschuldige.
Ich will wirklich nicht mit dir streiten.

Ich möchte, jedoch wie
kann ich dir für alles danken.
Der Kindstod hat mich gelähmt.
Kann nicht einmal mehr wanken.
Verzweiflung quält mich.
Heiße Tränen überströmen mein Gesicht.
Selbst dein zu mir sprechender Wind.
Nein. Auch er trocknet sie nicht.

Ich war stets überzeugt,
Gott, du machst keine Fehler.
Dennoch - ich empfinde, du seist ein Dieb.
Du bist ein verfluchter Hehler.

Du hast mir ein Kind versprochen.
Gibst es mir.
Nimmst es wieder fort.
Hast somit gebrochen dein Wort.

Bitte, versteh' doch meine quälende Not.
Meine Dankbarkeit war grenzenlos groß.
Und nun - halt ich mein Kind im Arm.
Tot.

Mit meiner ganzen Liebe umarmt ich es.
Von dir vergönnt war mir nur diese eine Nacht.
Antworte ehrlich mir:
Habe ICH etwas falsch gemacht?

Zärtlich trug ich es in meinen Armen.
Gott, du mein Gott.
Wo bist du?
Hast du mit mir gar kein Erbarmen?

Ich bewahrte mein Kind in Liebe.
Ich trug mein Kind unter meinem Herzen.
Gebar es für sein Erdenleben gern.
Ertrug mit Freude alle Schmerzen.

Zu dir Gott schreie ich.
Und das immer mehr!
Gib mir mein Kind wieder her!
Gott du mein Gott!
Hör' endlich mir zu!
Falls einer mir helfen kann,
dann bist es nur du.

Immer wieder schreie ich zu dir.
Gott, du mein Gott,
so hilf endlich mir!

Noch lauter schreie ich.
Willst du mich wirklich belügen?
Willst du mich um mein Kind betrügen?

Unsagbar leide ich.
Nun kann ich nicht mehr.
Mein Schmerz ist für mich zu schwer.

Ich leide.
Ich weine.
Ich schreie.
Ich fühle.
Nun will ich nicht mehr.

Mein Körper.
Meine Seele.
Mein Kind.
Unser Leiden:
Wiegt zu schwer.

Unser Leben ist nun zu Ende.
Wir können und wollen nicht mehr.

Kochende Tränen brennen durch mein Gesicht.
Wir hassen dich Gott.
Noch heute bringen wir dich vor das Höchste Gericht.

Nur ein winziger Mensch bin ich.
Erst sagtest du Ja.
Dann sagtest du Nein.
Wie kann ich verstehen dich?
Gott, wo bist du?
Komm zu uns ganz dicht.
Wir wollen dich sehen.
Dein hässliches Gesicht.

Komm noch dichter.
Noch bist du zu weit fort.
Lass uns deinen Hass ansehen.
Und das sofort!

Vom Schmerz bin ich total volltrunken, benommen.
Meinen Hass gegen dich fühle ich immer mehr emporkommen.

Gott, ich klage dich an.
Du allein bist es, der mir so weh hat getan.

Ich lehne dich ab.
Es ist nicht wahr, tot sei mein Kind.
Ich will, dass es lebt.
Mach' es lebendig,
Und das geschwind.

Von Sinnen sinke ich auf meine Knie.
Ich kann nicht mehr.
Oh, du mein Gott.
Trag DU meine Last.
Für mich ist meine Last zu schwer.

In Liebe - Dein Kind

***

Mein geliebtes Kind!

Du fragst, was ich hab`getan.
Du klagst mich an.
Du willst alles anders haben.
Du stößt mich zurück, willst dich nicht an meinem Glück laben.
Du hassest mich, willst nicht mehr bleiben an deinem Ort.
Du willst nicht mehr auf meiner Erde leben.
Du willst dein Leben mir zurückgeben.
Mein geliebtes Kind!

ICH bin kein Dieb.

ICH bin kein Hehler.
ICH mache keine Fehler.
Dein Kind ist Gotteskind.

Es brachte dir von mir einen zärtlich' lieben Gruß.
Geliebt lebt es nun wieder in meinem Schoß.

Dein Kind lebt bei mir und freuet sich sehr.
Sei wieder glücklich und weine nicht mehr.

Deinem Kind singe du fröhliche Liebeslieder.
Du hältst es in deinen Armen und das bald wieder.

Dein Kind schaut fröhlich und lächelnd zu dir
vom Himmel herunter.
Es spielt mit den Englein, und das ganz munter.

Dein Kind weiß, es dauert nur noch ein
klein wenig Zeit.
Dann für ewig ihr beieinander seid.

Mein geliebtes Kind!

Sei wieder fröhlich und bete zu mir:
‹Herr, DEIN WILLE geschehe.
Ich vertraue DIR, mein Kind ich bald wiedersehe.›

Kommentar

Eine junge Mutter klagt Gott an, weil ihr Kind tot geboren
wird. Einen Tag lang darf sie es in ihren Armen halten. Los-
lassen muss sie es dann. Loslassen kann dieses Ereignis die
Autorin nicht. Sie nimmt ein Blatt Papier und einen Blei-
stift und will dieses aufschreiben: Da rennt der Stift nur so
über das Blatt Papier. Nur mit Mühe kann Gabriele Gran
dem rasenden Stift folgen. Die Autorin ist überzeugt, dieser
Text wurde ihr diktiert. Er wird zu ihrem persönlichen Trost.
Möge der Briefwechsel mit Gott Trost für alle Trauernden
sein.

Gedankensplitter

Geh' geradeaus

1. Geh' stets geradeaus, bau keine Mauern, der Rückweg könnte sonst sehr lange dauern.
2. Geh' deinen Weg stets auf einer Geraden, der Rückweg wird sonst dein Schaden.
3. Dein Wegweiser sei stets dein Herz, dein Rückblick wird sonst dein Schmerz.
4. Geh' geradeaus, du hast die Wahl, dein Rückweg wird sonst deine Qual.
5. Geradeaus stets geh', dein Rückweg täte dir sonst weh.
6. Geradeaus stes geh', dein Weg wird dein Glück, nur lächeln wirst du, blickst du zurück.
7. Geradeaus stets geh', dein Rückblick wird ganz ohne Ach und Weh.
8. Gehst du stets geradeaus, niemals verlierst du dein Zuhaus'.
9. Gehst du nicht geradeaus, du verlierst alles, dein Zuhaus'.

Teilen

1. Teilen bringt Glück, Freude kommt zurück.
2. Teilen macht Spaß, siehst doppelt, was du hast.
3. Teilen ist Pflicht, alles behalten nicht.
4. Teilen bringt Licht, im Dunkeln siehst du nicht.
5. Teilen ist Lust, alles behalten bringt Frust.
6. Lächle und teile, dein Lächeln kommt zurück, nach einer Weile.
7. Teilen ist Pflicht, behalten nicht.

Ich schreie nach Licht

Ich schrie nach Licht, doch ich sah dich nicht, da
glaubt ich dir, und du kamst zu mir.

Einsam und traurig schwebte ich durch die Straßen,
fühlte mich happy, high und doch so verlor'n.

Da kamst du guter Gott und brachtest Licht mir,
und plötzlich fühlt ich mich wie neugebor'n.

Verzweifelt taumelt' ich voll Drogen, alles in mir
schien ganz zerstört.
In meinem Leben, da tosten Wogen, da hast du
Herr mein Fleh'n erhört.

Alles in mir war cool und doch voll Schmerz, Leere
und Angst quälten mein Herz.

Da glaubt ich dir, du guter Gott, und du führtest
mich hinaus aus meiner Not.

Ich bat um Licht du guter Gott, nun sehe ich dich.
Und ich schrei zu dir: Du lieber Gott, bleib für im-
mer bei mir.

Kommentar

Drogensüchtige erbitten Hilfe von Gott. Voller Mitleid
schlüpft Gabriele Gran in ihre Seele.
Ihr Mitgefühl steht in keinem Zusammenhang mit ihrem
eigenen Leben.

Sehnsucht

Sehnsucht ist bitter,
Sehnsucht kennt keine Gitter.
Sehnsucht fliegt mal langsam und mal geschwind.
Sehnsucht ist uns so nahe und doch fern wie der
Wind.
Sehnsucht drückt uns so schwer, dabei hat sie gar
kein Gewicht.
Sehnsucht spüren wir so nah und sehen dennoch
nicht ihr Gesicht.
Sehnsucht lässt uns zurückträumen von ehemali-
gem Geschehen.
Sehnsucht gestillt, die wir nie sahen und nie werden
sehen.

Sehnsucht nie gestillt, von Tag zu Tag schwerer,
zerdrückt das Herz.
Sehnsucht ohne Hoffnung lässt Raum allein nur für
den Schmerz.
Dem Sehnsüchtigen ruft Gott ermutigend zu:
Niemals wird kommen von selbst dein Herz zur Ruh'.
Es gibt nur Einen, der kann fortjagen deine Not.
Der bin Ich, mein Name ist Gott.
Öffne mir ganz einfach deine Herzenstür.
Ich wart' schon so lange darauf, hier bei dir.

Lass' mich zu dir hinein, so du möchtest, bleibe Ich
für immer dein.
Nun fragst du mich: <Gott, ich bin ja so glücklich,
was ist bloß geschehn?
Ich kann ja jetzt meine Sehn-Sucht sehen ...>
Sehn, was ich so lange schon sucht ...

Augenblick

Nur ein einziger Augenblick
Licht, das sie umgab, konnte sie nur selten gewahr werden. Zu häufig wurde es dunkel um sie herum. Die Dunkelheit schmerzte zu sehr. Es wurde kühl,- sie fror mehr und mehr. So fing sie an die Sonne zu suchen.

Doch der Weg zu ihr war schmal, schwer begehbar, barg Gefahren. Zu beiden Seiten des Weges sah sie steilen Abgrund, wollte ihn aber nicht erkennen voller Sehnsucht nach Sonne. Wenigstens einen Strahl wollte sie erhaschen. Er sollte sie wärmen, wenn auch nur für einen einzigen Augenblick.

Der Weg war weit, beschwerlich, holprig, immer unterbrochen von Sturm und Gefahr. Sie spazierte, lief, raste, angezogen wie von einem Magneten. Ein Gemisch aus Angst und Freude bebte in ihr. Doch der Gedanke ein winziges Stück der Sonne, ein Lächeln zu erhaschen, trieb sie.

Ein einziger Strahl sollte Mut machen, Kraft geben. Sie lief immer schneller. Um sie herum schien es furchtbar zu dröhnen. Sie fühlte sich beobachtet, doch niemand schenkte ihr Beachtung. Endlich! Das Ende des Weges war erreicht. Ein Strahl, ein Lächeln voller Zärtlichkeit traf ihren vor Kälte fast erstarrten Körper, erwärmte ihn...
DOCH NUR FÜR EINEN EINZIGEN AUGENBLICK ...

Kommentar:

1981: In einem wunderschönen Park wird täglich musiziert. Das Lächeln eines Musikers zaubert die Autorin in ihre Wunschwelt ...

Der verlorene Schatz

Es war einmal, so fangen alle Märchen an. Meine Geschichte ist aber kein Märchen. Sie ist die Wirklichkeit. Sie ist die Wahrheit. Dennoch möchte ich meine wahre Geschichte wie ein Märchen beginnen. Das hört sich netter an.

Es war einmal eine kleine alte Frau. Ihr Haar war schon schlohweiß. Diese kleine alte Frau ging schon etwas gebeugt. Die Seele dieser kleinen alten Frau war todkrank. Nicht sicher bin ich mir, ob du weißt, was eine Seele ist. Also ich erkläre dir das am besten. Die Seele kann man nicht sehen. Die Seele kann man aber ganz doll fühlen. Jeder Mensch hat eine Seele. Diese ist ganz ganz dicht neben dem Herzen.

Also diese kleine alte Frau war völlig verzweifelt. Sie hatte kaum noch Kraft. Sie war so müde. Wovon sie so furchtbar müde war, möchtest du wissen? Nun, ich will es dir erzählen ... Diese kleine alte Frau war müde vom vielen Suchen. Was sie suchte, möchtest du gerne wissen? Auch das will ich dir erzählen. Diese kleine alte Frau suchte schon jahrelang ihren wertvollsten Schatz. Nun möchtest du auch noch wissen, welch' ein Schatz das wohl war. Nun, ihr Schatz hatte einen Namen.
Er heißt Orientierung. Sie hatte ihre Orientierung verloren. Orientierung ist ein Wegweiser. Ein Wegweiser zeigt dir deine Richtung an. Ohne Orientierung weißt du nicht, wolang du gehen musst. Die kleine alte Frau wusste also überhaupt, nicht wo sie war. Sie wusste auch nicht, wolang sie nun gehen musste.
Sie suchte ihren verlorengegangenen Schatz. Ruhelos ging sie hin und her, auf und ab. Das tat sie viele Jahre. Nirgends konnte sie ihn finden. Sie wurde

immer hoffnungsloser. Sie wurde immer trauriger. Sie zweifelte, ihren Schatz jemals wiederzufinden. Sie war verzweifelt. Eines Tages fasste sie deshalb den Entschluss sich mit dem Tod zu treffen. So ging sie also los. Zum Tod war es steinig und holprig. Die Steine waren spitz und hatten scharfe Kanten. Das Herz dieser kleinen alten Frau klopfte ganz doll. Sie freute sich so sehr vielleicht beim Tod ein Zuhause zu finden. Nun, völlig aus der Puste, stand sie vor dem großen mächtigen Haus des Todes. So ein großes und mächtiges Haus hatte diese kleine alte Frau nie zuvor gesehen.

Hoffnungsvoll klopfte sie an die Haustür. Niemand öffnete ihr. Sie klopfte ein 2. Mal. Niemand öffnete ihr. Sie klopfte ein 3. Mal. Niemand öffnete ihr. Die Tür des Todes blieb verschlossen. Schließlich dachte sie: ‹Ich werde lauter, viel lauter klopfen.› Die kleine alte Frau klopfte so laut sie konnte ein 4. Mal an die Tür des Todes.

Voller Erwartung wartete sie. Da, plötzlich öffnete sich die Tür. Vor der kleinen alten Frau stand der Tod. Er lächelte gütig. Die kleine alte Frau fand ihn richtig sympathisch, hatte ihn gleich lieb. Mit ruhiger Stimme fragte der Tod die kleine alte Frau: ‹Wen suchet Ihr?› ‹Ich suche dich, den Tod. Gehört habe ich, bei dir fände man Ruhe und Frieden. Bei dir gäbe es keine Irrungen und Wirrungen. Seitdem ich meinen Schatz, meine Orientierung verloren habe, weiß ich nicht mehr wohin. Könntest DU mir bitte eine Unterkunft gewähren? Ich meine, kann ich für immer bei dir bleiben?›
Der Tod entgegnete der kleinen alten Frau, es sei nicht so einfach. Wie sie sich das vorgestellt habe, ginge das nicht. Er, der Tod könne nicht entscheiden, wie er will. Der Tod wies also die kleine alte Frau darauf hin, dass er nach Anweisung handeln

müsse. Er müsse erst einmal im Wegweiserbuch nachschauen, ob er den Namen dieser kleinen alten Frau fände. Hiernach müsse er sich richten. ‹Warte einen Augenblick, ich werde nachschauen, ob dein Name schon in meinem Wegweiserbuch steht. Warte VOR meiner Haustür, wage dich ja nicht über diese Schwelle zu treten!›

Der Tod ging hinten in sein Haus. Aufmerksam schaute er in sein Wegweiserbuch. Alle Namen ging er sorgfältig durch. Er schüttelte mehrmals mit dem Kopf. Nein, den Namen dieser kleinen alten Frau, die ihn so verzweifelt um eine Bleibe anflehte, konnte er nicht finden. So schritt der Tod zurück zu seiner Haustür, wo die kleine alte Frau auf ihn hoffnungsvoll wartete. Wie verabredet stand sie VOR der Hausschwelle. In ihren traurigen Augen erblickte der Tod ihre Verzweiflung. Gleichzeitig erblickte er auch ihre Hoffnung aus ihrer schmerzvollen und grausamen Situation herausgeholt zu werden. Dennoch, er musste ihr pflichtgetreu eine ehrliche Antwort geben. ‹Nein, nein, ich darf dir keine Bleibe gewähren. Dein Name steht noch nicht in dem Wegweiserbuch. Geh' deinen Weg, such' deinen Schatz, deine Orientierung. Ich wünsche Dir die Weisheit, ihn zu finden. Viel Glück!› Der Tod sprach diese Worte voller Güte und Liebe, und dann schloss er die Haustür. Da ging diese kleine alte Frau wieder fort.

Ihre Verzweiflung ward nun noch tiefer, ihre Verbitterung noch größer, ihr Herz und ihre Seele stützten einander mit allerletzter Kraft. Trotz ihrer Schwäche ging die kleine alte Frau ihren Schatz suchend weiter auf und ab. Nun war der Augenblick

gekommen, da hatte sie überhaupt kein Fünkchen Kraft mehr. Sie sackte zusammen auf ihre Knie. Als die kleine alte Frau so dahockte, fühlte sie plötzchen doch noch ein winziges Fünkchen Kraft in ihrer von ihrem Herzen gestützten Seele. Um sie herum schien es total finster zu sein. In diese Finsternis hinein schrie sie so laut sie konnte: ‹Hallo! Hallo! Ist da nicht doch jemand, der mir helfen könnte. Ich glaube ganz fest daran. Es muss doch jemanden geben, der mir aus meiner Not hilft. Ich habe meinen Schatz verloren, meine Orientierung.›
Sie schrie immer lauter und lauter: ‹Es muss doch einen Wegweiser geben! Ich glaube ganz fest hieran.›

Als die kleine alte Frau das Wort Glaube gerufen hatte, geschah etwas ganz Sonderbares. Es wurde plötzlich Licht um sie herum. Dieses Licht, das erhellte nicht nur ihre Dunkelheit. Dieses Licht wärmte sie auch noch. Sie fühlte sich plötzlich so wohl, so angenehm, so kuschelig warm. Sie fühlte sich so wie ein Kind sich in den Armen seines liebenden Vaters fühlt.

Plötzlich ertönte von fern eine Stimme, eine wunderschöne Stimme, so eine väterlich beschützende Stimme. Und diese Stimme, wisst ihr, was diese Stimme rief?
Sie rief der alten kleinen Frau zu: ‹Fürchte dich nicht! Komm zu mir!›
‹Zu dir? Wer bist du?›
‹Ich, ich bin dein verlorengeglaubter Schatz, dein Wegweiser!›
‹Mein Wegweiser? Du bist mein Schatz? Aber WER bist du, wie heißt du?›
‹Ich bin der Herr, dein Gott. Ich bewahre dich in

meiner Burg. Bei mir kannst du wohnen. Bei mir findest du Zuflucht in Zeiten deiner Not!>

<Bei dir kann ich wohnen? Aber ich kann dich nicht sehen. Ich weiß doch gar nicht, wo du wohnst.>

<Wo ich wohne, willst du wissen. Ich wohne in dir. Ich begleite dich, wo immer du auch bist. Wo immer du auch hingehst. Du musst nur fest an mich glauben. Dann wirst du ganz ruhig werden. Dann wirst du ganz ruhig bleiben. Dann wirst du deinen Schatz wieder haben, deinen Frieden, Deine Orientierung.>

So hatte diese kleine alte Frau also ihren verlorenen Schatz wiedergefunden.

Und wenn sie nicht gestorben ist, dann lebt sie heute noch. Ja, sie lebt heute noch, und ich, ich weiß das ganz genau. Vielleicht begegnest du dieser kleinen alten Frau ja einmal. Soll ich dir verraten, wo sie wohnt? Also, weil du so nett bist, verrate ich es dir. Also, diese kleine alte Frau wohnt da ganz hinten, am Tönninger Stadtwald. Und falls DU mal deinen Schatz verloren hast, dann hilft sie dir ganz bestimmt bei der Suche nach deinem Schatz, nach deiner Orientierung.
Diese Geschichte habe ich für alle Menschen, aber ganz besonders für alle Schatzsucher geschrieben.

Kommentar:

Die 4 größten Tragödien meines Lebens. Brutal, grausam, unmenschlich, unfassbar. In verbalbuntes Papier habe ich sie eingepackt. So wirst Du dieses reale Märchen lesen können. Verliere Du niemals deinen Schatz. Dies ist mein größter Wunsch für Dich!

Der Umzug

Mann, ist das dunkel. Und kalt ist mir auch. Ich hab' keine Lust aufzustehen. An den Fensterscheiben glitzern Eisblumen. Vati packt Sachen ein. Und Mutti liegt mal wieder im Krankenhaus. Ich bin so traurig. Eigentlich müsste ich ja aufstehen. Vor meinem Bett steht ein rot-weiß gestrichener Küchenstuhl. Auf diesem liegt meine Kleidung. Wenn ich diese kratzigen Strümpfe schon sehe. Schnell wieder unter die Decke. Mann ist mir mulmig. Ich hab' noch nichts gegessen. Ich recke und strecke mich erst einmal.

Jetzt aber 'nen Ruck. Raus! Erst mal meine Hände waschen. Und das Gesicht. Ach, ist das Wasser kalt. Und die Seife bröckelt auch schon wieder. Und mein Handtuch ist noch nass von gestern abend. Na ja, erst mal anziehen. Diese kratzigen Strümpfe! Und dieses pieksige Leibchen! Und der kalte Metallreißverschluss vom selbstgestrickten Pullover. Der ist auch wieder so kalt an meinem Nacken. Da hör' ich ein Rumpeln und Pumpeln. Zum Fenster sind es nur ein paar Schritte. Aber ich kann nichts seh'n. Ich bin zu klein. Sonst zieh' ich mir immer Muttis Stöckelschuhe an. Damit ich größer bin.

Mann, wo sind die bloß. Na ja, gut, dann nehm' ich eben die alte Fußbank. Da draußen sehe ich Vati. Er reibt sich die Hände. Zieht seinen Hut tief ins Gesicht. Den anderen Mann kenn' ich nicht. Ach, da steht ja ein großer Trecker mit 'nem Anhänger. Und alte Decken liegen drin. Die paar Decken, die noch rumliegen, das Bettzeug und die Pritsche und noch einiges trägt Vati hinunter. ‹Haste was gegessen?› ‹Nö›. ‹Hab' dir ein paar Brötchen mitgebracht, vom Bäcker Hochbohm aus Eldingen. Mach' doch schon!

Zieh dein rotes Mäntelchen an. Und vergiss nicht die Handschuhe und die Mütze.> Ich pack' noch grad ein paar Klamotten in den Anhänger. Was wohl dieses Mal mit Mutti ist? Na ja. Alles ist jetzt auf dem Anhänger. Der Mann fährt den Trecker, und ich darf neben ihm sitzen.

Mann, wie das rumpelt. Und der Mann spricht ja gar nicht mit mir. <Hey, halt dich fest, Kleine!> Hinten auf dem freien Anhänger steht Vati. Er hält unsere paar Habseligkeiten zusammen. Ist das windig. Wir ziehen nämlich heute um. Gerade vor ein paar Tagen hatte einer aus unserer Familie die einzige Kaffeekanne, die wir noch hatten, fallengelassen. Ich war traurig darüber. Doch Vati meinte. <Scherben bringen Glück.> Und so war das wirklich. Kurz darauf kam vom Wohnungsamt ein Brief. Wisst Ihr, was darin stand? <Sie kriegen jetzt 'ne Wohnung, zwei Zimmer, 'ne kleine Küche, und ein Klo auf dem Flur.>

Der Trecker tuckerte und tuckerte. Hoffentlich fällt Vati nicht vom Anhänger. Mann ist das kalt, und Mutti liegt im Krankenhaus. Ich bin so traurig. Wir ziehn um, nach Celle. Hoffentlich finde ich 'ne neue Freundin. Von Margitta Schmidt musste ich mich ja trennen. Und auch von Klaus Bartels. Und Ronny, der Junge mit der braunen Haut, der wurde nach Amerika adoptiert. Adoptiert, was das wohl ist? Na ja, auf jeden Fall ist er nicht mehr da. Es ist kalt, richtig ungemütlich. Und gammlig ist mir auch. Irgendwann kommen wir an. In Celle. Hannoversche Straße 44. Und in dem Haus sollen wir jetzt wohnen?

Mann, ist das ein altes Haus! Vati und der Mann tragen alle Klamotten nach oben. Mein Vati lächelt. Ja, er lächelt immer. Er ist immer zufrieden. Ruckzuck stellt er unsere paar Habseligkeiten in die Räume. Und ich soll jetzt in der Küche bleiben. ‹Auf keinen Fall kommst du da raus›. Ich warte und warte. Bei Vati ist es immer spannend. Da hör' ich ein Glöckchen schellen. Vati ruft: ‹Jetzt kannste kommen.› Er öffnet die Tür. Und? Was glaubt ihr, was es da zu sehen gab? Ja, ihr könnt gespannt sein. Ein Weihnachtsbaum, vom Boden bis zur Decke. Und Kerzenhalter dran. Solche aus Draht. Also die hatte Vati doch bestimmt selbst gemacht. So gebogen, dass oben die Kerze reinpasste und unten nochmal so 'ne Rundung reingebracht, und da hat er 'son Schokoladenkringel reingehängt. Na, wegen der Balance. Und ich sage euch, das war ein Tannenbaum. Geschmückt mit weißen Papierschnitzeln. Er sah aus wie ein Tannenbaum im Schnee. Die Strümpfe kratzten nicht mehr. Das Leibchen piekste nicht mehr. Und ich war glücklich. Der Baum leuchtete. Wer leuchtete wohl heller? Der Baum oder ich? Das war ein Weihnachtsfest. Und dieser herrliche Weihnachtsbaum. Noch nie zuvor hatte ich so einen gesehen. Und ich dachte: Vielleicht sehe ich so einen nie mehr in meinem Leben - ich sollte recht behalten. Es war der Hl. Abend 1951.

Allen, die jetzt gerne zugehört haben, wünsch' ich ein fröhliches Weihnachtsfest und ein gesegnetes neues Jahr.

Kommentar

Dieser Hl. Abend beginnt ganz bitter für die kleine sechsjährige Gaby. Erst der Abschied von ihren Freunden. Dann liegt ihre geliebte Mutti im Krankenhaus. Jedoch ihr geliebter Vati macht wieder einmal das Beste aus allem: Er zaubert den für sie schönsten Weihnachtsbaum der Welt.

Geschwisterliebe

Es war einmal eine Mutter, die hatte zwei Kinder, einen Sohn und eine Tochter. Und diese stritten so oft, wie es Kinder nun einmal tun. Als die Mutter älter wurde, betrachtete sie ihre Kinder mit großer Sorge. Sie seufzte dennoch hoffnungsvoll und sprach: ‹Im Alter werdet ihr einander suchen ...›, sprachs und verstarb.

Viele Jahre gingen ins Land. Die Geschwister sahen einander nicht, hatten einander jedoch nie vergessen. Häufig dachte die Tochter an die Worte ihrer Mutter, die nun schon viele viele Jahre nicht mehr auf dieser Erde weilte. Und so machte sie sich eines Tages auf den Weg zu ihrem Bruder. Der Weg war weit.

Und der Weg war beschwerlich, denn sie war schwer krank. Schließlich erreichte sie das Haus ihres Bruders. Sie klopfte an die Tür. Der Bruder öffnete. Er war erfreut seine Schwester nach so langer Zeit wiederzusehen, und er bat sie doch zu ihm ins Haus zu kommen. Die Geschwister hatten einander viel zu erzählen. Inzwischen stand die Sonne hoch oben am Himmel, denn es war Mittagszeit. Die Schwester verspürte Hunger. Da bat sie ihren Bruder um einen Apfel, den ihr Bruder in einem kleinen handgeflochtenen Körbchen aufbewahrte.

‹Nein,› rief da der Bruder, ‹diesen Apfel schenke ich Dir nicht.› Die Schwester war inzwischen alt und grau geworden. Und wieder dachte sie an die Worte ihrer verstorbenen Mutter. Und sie sagte zu sich: ‹Will ich die Welt verändern, so fang ich bei mir an!› So lud sie ihren Bruder von Zeit zu Zeit zu sich in ihr Häuschen am Wald ein. Sie wusste um die Lieblingsspeisen ihres Bruders. Er ließ es sich gut schmecken und die Gewschwister freuten sich miteinander sehr. Eines Tages dachte die Schwester, sie könne nun doch auch einmal ihrem Bruder einen Besuch abstatten. So kündigte die Schwester dem Bruder ihren Besuch an. Sie irrte jedoch, ihr Bruder würde sich über ihren Besuch in seinem Zuhause freuen. ‹Nein, rief er, zu MIR darfst Du nicht kommen ...› Da ward die Schwester sehr traurig und weinte so ganz bitterlich. Doch bald sprach sie abermals zu sich: ‹Will ich die Welt verändern, so fang' ich bei mir an.› Sprachs, und erinnerte sich daran, dass nur GOTT die Welt verändern kann. Daraufhin segnete sie ihren Bruder. Und wenn sie nicht gestorben ist, dann lebt sie heute noch.

Kommentar

Segnen = Vergebung - Versöhnung. Geschwister haben dieselben Wurzeln: Geschwister haben dieselben Eltern. Folglich tragen sie in Körper und Seele Anteile von Vater und Mutter. Sind sie nicht in Frieden miteinander, sind sie in Unfrieden mit ihren Eltern und mit sich selbst. Dies hat zur Folge, dass sie nicht ‹wachsen› können. ‹Sind die Wurzeln nicht in Ruhe = Frieden, kann der Baum nicht wachsen.› (Afrikanisches Sprichwort)

Meine geliebten Moecks

Weihnachten 1994. Im Januar werde ich 50 Jahre alt. Unter meinem Tannenbaum liegt eine Flöte. Eine Moeckflöte, aus hellem Holz, in einem weiß-roten Täschchen.

Eine Moeckflöte, welch' schöne Überraschung! Und Erinnerungen werden wach. Christine, Sabine, Gabriele und Susanne. Opa und Oma Moeck und die jungen Moecks.

Erinnerungen an meine Kindheit. Erinnerungen an diese Moecks, die gleich nebenan wohnten. An das schöne Haus direkt an der Hannoverschen Straße. Es sah aus wie ein kleines Schlösschen. An den Hinterhof mit dem weißgetünchten langgestreckten Gebäude, dem Werksgebäude. Und ich höre noch heute das schrille Geräusch der Maschinen. Und ich rieche noch heute den Klebstoff der Räume, in denen Zupfinstrumente gebaut wurden. Links von dem besagten Gebäude führte eine steile, ganz schön unbequeme Treppe zu einer Wohnung. In dieser wohnten meine Freundin Christine mit ihren Eltern und Geschwistern. Daran anschließend waren noch andere Räume. Es waren Arbeitsräume. Hier saßen Männer an Maschinen. Sie verarbeiteten Holzteile zu Flöten. Die Männer waren sehr freundlich.

‹Mann ist das ein Krach! Und der Fußboden, wie sieht der denn aus! Alles voll mit Holzspänen, so in Schillerlockenform.› Einer der Männer erzählte seinem Arbeitskollegen an der Maschine neben ihm, es gäbe heute Frikadellen, wenn er nach Hause käme. Und er freute sich schon ganz tüchtig darauf. ‹Na ja, wenn er sich so darauf freut, müsste es ja was ganz Besonderes sein. Da muss ich Mutti mal fragen. Was sind denn Frikadellen?" „Also, das sind doch nur Buletten, nix Besonderes." „Ach so, na ja.›

Christines Eltern, die waren sehr nett, besonders die Mutter. Sie war immer so fröhlich. Sie kam aus Osnabrück. Und wenn die Eltern mal wieder nach Skandinavien fahren wollten, dann kam die Oma. Sie passte dann auf, auf Christine, Sabine und Gabriele. Von Susanne weiß ich nichts. Sie wurde geboren, als ich bald wegzog. So 1957 glaube ich. ‹Aber die wäre ganz süß›, meinte Christine. ‹Aber es wären nun genug Mädchen da, nun wolle Papa nur noch Jungs.› Ja, diese Moecks, die waren alle ganz nett. Erst fuhren sie einen blauen Lloyd und dann einen VW Käfer.
Sonntags, da ging es ganz oft nach Müden an der Oertze, in die Heide. ‹Ach ist das idyllisch, Hermann›, meinte Mama Moeck immer ganz glücklich. Und Papa Moeck lächelte selig vor sich hin. Wir saßen hinten, Christine, Sabine, Gabriele und ich. Idyllisch! Welch' ein seltsames Wort. So'n komisches Wort hatte ich ja noch nie gehört. Aber es muss wohl etwas Gutes sein. Auf jeden Fall waren wir alle immer so richtig glücklich. Ich war immer so froh, dass ich mitfahren durfte. Sonntag, da war es sooo langweilig, keine Schule. Mutti wollte die Sendung: ‹Der Hörer hat das Wort› hören. Und dieses elende Wunschkonzert.

Dieses alte schedderige Fachwerkhaus, Hannoversche Str. 44. Die Zimmer hatten schräge Wände. Wenn man Pech hatte, fiel mal wieder Stroh von der Zimmerdecke, während ein Laster über die alte Schwedenbrücke donnerte und brauste. Nebenan wohnte Familie Dr. Biermann mit Hans-Jürgen, die war nett, diese Familie. Und manchmal, war da soon katholischer Pater. Ich glaube, der war aus Belgien. Aber nun wieder zurück zu meinen Moecks.
Jeden Tag spielte ich mit Christine. Christine durfte Sandaletten tragen. Ich nicht. ‹Davon kriegt man kranke Füße›, meinte meine Mutter. Und so gab

es nur geschlossene Hausschuhe. Aber das machte gar nichts. Not macht erfinderisch. So tauschten Christine und ich jeden Nachmittag für ein paar Stunden unsere Schuhe. Ach, war das toll, nun sah man meine Kniestrümpfe nämlich viel besser.

Eines Tages zogen die Moecks von der Hinterhaus-wohnung ins weiße Haus, welches wie ein Schlös-schen aussah. Sie wohnten oben, und unten wohnten die Großeltern

Mit der Oma Moeck hatte ich kaum Kontakt. Opa Moeck, der war so richtig lieb und lustig. Und der spielte ganz anders Flöte. Er hielt seine eine Hand immer so komisch. ‹Ich spiele rückwärts›, erklärte er. ‹Das geht also auch. Ist ja toll.› Das fand ich ganz toll, und ich war zufrieden.

Diese Moecks, was die alles hatten. Eine richtige Badewanne. Wir hatten so etwas nicht. Frau Moeck sagte aber gar nicht Badewanne dazu. Sie sprach immer vom Pullefass. Die hatten es gut, Christine, Sabine und Gabriele. Jeden Abend durften sie ins Pullefass.

Eines Tages war der VW Käfer weg. Ein Opel Olym-pia stand auf dem Hof. Ach ja, da war ja noch Nor-gard, die Schwester vom jungen Herrn Moeck. Sie war verliebt in einen jungen Mann im Hochhaus ne-benan. Und da guckte sie so oft hinauf voller Sehn-sucht. Sie fuhr abends immer die vielen Pakete zur Post. Die Norgard, ja die war auch immer ganz nett. Obwohl das Auto schon immer so richtig voll war mit Paketen und Päckchen - bestimmt voll mit Flöten für andere Leute -, schaffte sie es immer noch nach längerem Ruckeln und Zuckeln ein freies Plätzchen für Christine und mich zu schaffen. Weil wir doch unbedingt mit wollten zur Post in der Nähe der Stechbahn. Ganz schön eng war's da drin. Und das roch so nach Bindfaden und Pappe.

Und nun fällt mir noch Ewald ein. Der wohnte in der Wohnung zwischen den Moecks mit Christine, Sabine und Gabriele und den Großeltern Moeck. Sein Vater war leider tot. Das fand ich schrecklich. ‹Gut, dass ich meinen noch habe›, dachte ich. Hatte Ewald schon alte Schwestern. Die waren schon 20 Jahre alt! Und dann war da noch deren Oma. Richtig, Oma Kirschner. Sie trug ganz dunkle Kleidung. Und immer, wenn sie mich sah, holte sie Schokolade für mich hervor. Nein, nein, nicht etwa eine ganze Tafel. Da wurde immer nur ein Stückchen abgebrochen. Leider war es immer nur Zartbitter. Vollmilch Nuss wäre mir ja lieber gewesen. Aber ich habe mich trotzdem gefreut.

Wenn Oma Kirschner ihre Wohnungstür öffnete, kam da immer soon komischer Geruch aus der Wohnung. So'n bischen eklig fand ich das doch. Und mir war immer so unheimlich dabei. Sofort fiel mein Blick auf eine alte klobige Holztruhe. Die war schwarz. Dieser Anblick rief ein gewisses Gruseln in mir hervor. Ich brachte sie immer in Zusammenhang mit Ewalds vertorbenem Vater. ‹Da ist der bestimmt drin›, dachte ich ganz ehrlich. Diese Moecks, die Hannoversche Straße und die Schwedenbrücke. Erinnerungen in der Weihnachtszeit. Erinnerungen an meine Kindheit, an meine geliebten Moecks.
Diese Geschichte habe ich für meine Familie Moeck in Celle geschrieben und natürlich auch für Euch.

Kommentar

Weihnachten 1994. Ein Weihnachtsgeschenk: Eine Moeckflöte. Die Flöte zaubert die Autorin zu ihren geliebten Moecks. Ihr dürft diese Moecks heute auch kennenlernen ...

Meine Buchenlandweihnachtsfeier oder Im Paradies der Erinnerungen

Eiderstedt, Halbinsel an der Nordsee. 19 Jahre lebe ich hier schon. Ja, ich lebe gerne hier. Doch manchmal frage ich mich, wo meine Heimat ist. Meine Gedanken fangen an mit mir zu wandern. Oder fange ich an, mit meinen Gedanken zu wandern? Ich, nein, wir wandern ins Paradies der Erinnerungen:

Hl. Abend, Weihnachten bei meinen Eltern Mathilde und Stefan Jaworsky und später bei meinen Schwiegereltern Adelheid und Arnold Göhring. Beide Eltern stammten aus Czernowitz in der Bukowina.

Weihnachten, was gab es da nicht alles zu essen! Kuttja, Mohnkuchen, Nusskuchen, Karpfensülze... Ja, und natürlich der Barscht mit den leckeren Uschkerln, der durfte niemals fehlen. Oh, wie er aus dem Suppentopf dampfte! Und die vielen Kekserl. Unser Opa hatte sie alle nach Formen sortiert und in bunte Tütchen gezählt.
Keiner von uns sollte mehr oder weniger erhalten. Diese Köstlichkeiten gab es erst nach dem Kirchgang. Oder war es vielleicht vorher? Ich glaube, es war erst nach dem Loben und Danken. Die einen von uns gingen in die katholische Kirche und die anderen in die evangelische. Ein Glöckchen läutete: Bescherung! Wer wohl am meisten aufgeregt war? Was es alles an Geschenken gab! Und wie schön und laut wir gesungen haben, nachdem die Tante (oh Gott, die Tante bin ja ich) die Liederhefte verteilt hatte – Ihr Kinderlein kommet – Stille Nacht, Heilige Nacht. Heute wandern meine Gedanken durch die festlich geschmückten Wohnzimmer, erst in Celle, dann in Hannover und dann in Nordstemmen...

Die Buchenlandweihnachtsfeier ist so wichtig für mich. In diesem Jahr hatte ich das Glück, wieder an ihr teilnehmen zu können. Und diese Feier war so wunderschön. Traditionsgemäß fand sie am Samstag vor dem 1. Advent im Gasthof ‹Zur Eiche› in Hannover-Buchholz statt. Ruck-zuck wurden die zunächst so nüchtern aussehenden Tische mit selbstgebasteltem Schmuck in eine romantisch weihnachtlich festliche Tafel verwandelt. 13 Gäste waren wir, und wer nicht mitfeiern konnte, nun, an den wurde in Liebe und Verständnis gedacht. Unser Bezirksvorsitzender Alfred Wenzel war bedauerlicherweise verhindert, würdevoll vertrat ihn unsere Kassenwartin Ingrid Lipka. Herzlichst begrüßte sie alle Anwesenden. Frau Wanza spielte wie immer ganz wunderbar auf ihrem Akkordeon Weihnachtslieder, und wir sangen aus Leibeskräften. Frau Neumann-Bury las traditionsgemäß, traumhaft betont, Weihnachtsgeschichten vor, denen wir aufmerksam mit Spannung lauschten.

Köstlicher Apfelkuchen mit Maismehl gebacken, ein weiterer leckerer Apfelhefekuchen, eine Kirschtorte, für die man sein Leben hätte geben können, sowie ein echter Dresdener Stollen erfreuten Gaumen und Seele. Vom letzteren habe ich leider kein Stück mehr essen können, ganz unter uns, ich bedaure das heute noch.

Wir unterhielten uns so interessant, dieser und jener erinnerte sich an kleine lebensbegleitende Anekdoten aus der Kinder-Weihnachtszeit. Die nette Art der Gastwirtsleute sei auch zu erwähnen, sie brachten Kaffee und Tee, Zucker und Milch…, es fehlte uns an nichts. Wir alle erlebten unsere Buchenlandweihnachtsfeier 2013 wieder als glückliche Gemeinschaft. All' diejenigen, die nicht mit uns feiern konnten, grüßen wir ganz herzlich, und wir hoffen auf ein gesundes Wiedersehen 2014.

Kommentar

Gabriele Gran bringt den Landsleuten eine Stunde Heimat zurück. Wer nicht teilnehemen kann, bekommt einen liebevoll geschriebenen Bericht.

Liebe Mutti

Zum 100. Geburtstag für meine Mutter

So sitz' ich hier und denk' an Dich,
und Tränen laufen durch mein Gesicht.

Nachdenklich betrachte ich das Foto von Dir,
Fasanenweg 2, Du stehst dort vor der Haustür.

In Deinen Händen hälst Du 3 Gänseblümlein fein,
zuvor pflückte ich sie Dir im goldenen Sonnenschein.

Und zu Dir sprach ich die folgenden Worte:
‹Mutti, bist Du einst tot – an fernem Himmelsorte,

Werd' ich dieses Foto nicht betrachten können,
ohne dass meine Tränen werden endlos rennen ...›

In stillem und dankbaren Gedenken an meine
Mutter Mathilde und ‹Oma Celle›, die Großmutter
meiner Kinder.

Er

Teil 1

Da spielt er nun. Nein, er sitzt. Er sitzt auf dem Bürgersteig. Seine Beinchen, braun schimmernd, ruhen auf dem Straßenrand. Schöne Kniestrümpfe trägt Er. Orange-gelb gekringelt. Passend dazu trägt Er Shorts. Er trägt auch ein T-Shirt. Seine Haut schimmert sanft im Sonnenlicht. Seine krausen Haare glänzen. Verliebt schaue ich – für ihn unmerklich – verliebt schaue ich ihm zu. Wer ist Er? Meine Gedanken fangen an zu wandern. Darf ich - darf mein Ich mitwandern? Ich beherberge Herzklopfen. Ich spüre mein Herzklopfen. In mir keimt Unruhe auf. Meine aufkeimende Unruhe paart sich mit Unbehagen. Da fällt mein liebevoll lächelnder Blick wieder auf ihn.

Nun sitzt Er nicht mehr auf dem Bürgersteig - am Straßenrand - auf dem Bordstein. Nein. Er ist ein paar Schritte weiterspaziert zu einem Sandhaufen. Große und kleine Kreise malt Er mit einem Stöckchen in den Sand. Er sieht so glücklich aus. Wie oft habe ich ihn schon gesehen? Freude und Trauer wandern Hand in Hand durch mein Herz. Dieser hier - Er gehört nicht zu mir. Dennoch! Wie gerne würde ich ihn mitnehmen. Ich tröste mich mit der Gewissheit, auch „so Einen" zu haben. Meiner lebt woanders. Ob ich Meinen jemals wiedersehe?

Diese Frage fängt an mich zu quälen. Nein! Ich lasse mich nicht mehr quälen. Quälende Fragen und Zweifel kann man fortjagen. Man muss es nur wollen. Man darf seinen Schmerz nicht pflegen. Dies hat mich mein Leben gelehrt. Einige Augenblicke vergesse ich, dass ich in einer Seitengasse stehe. Mit beiden Händen halte ich mein Fahrrad fest. Ich träume. Wovon? Heute weiß ich das nicht mehr so genau oder? Doch, doch, da fällt es mir wieder ein. Ich träume von Meinem.

Als ich aufwache aus meinem Traum, ist Er fort. Ich steige auf mein Rad und fahre zu meiner Wohnung. Einige Zeit vergeht. Oder ist ein Stück von mir vergangen? Wie an jedem Tag bin ich auch heute mit meinem Fahrrad unterwegs. Ich hoffe Ihn zu sehen. Ihn, dessen Anblick mich so glücklich und gleichzeitig so traurig macht. Ich radle durch die Straßen, blicke hierhin und dorthin. Ich gebe zu, ich suche Ihn. Vielleicht erblicke ich Ihn ja heute wieder.

Nein, heute habe ich kein Glück. Vielleicht morgen - tröste ich mich. Jeder Tag bringt neue Überraschungen. Unsere Sehnsucht nach diesen, den neuen Überraschungen - welche doch die alten - die gleichen sind - treiben uns alle weiter auf dem Pfad des Lebens … Oder? Ja, wir glauben, es seien immer wieder neue Überraschungen. Nein, nein, es sind die alten - genauer gesprochen - die gleichen Überraschungen. Sie sind nur nicht zeitgleich, also nicht dieselben.

Da, ja tatsächlich, da ist Er. Heute in knallgelb. Welch' ein faszinierender Gegensatz zu seiner wundervoll im Sonnenlicht samt schimmernden Haut. Seine Eltern, und hier bin ich mir ganz sicher, müssen Ihn ganz doll liebhaben. Er ist immer so gepflegt, so liebevoll, fröhlich, knallig bunt gekleidet. Heute spielt Er in derselben Gasse mit einem leuchtend knallroten Ball.

Ich steige von meinem Rad ab. Bei seinem Anblick fühle ich mich positiv verzaubert. Trotz meiner bitteren Lebenssituation gewürzt von Sehnsucht, Einsamkeit und tiefstem Schmerz, fühle ich Glücksmomente in mir aufwachen - lebendig werden. Zu wem gehört Er? Wer gehört zu Ihm? Zu gern würde ich Ihm über seine krausen Haare streichen. Ich weiß, dass ich das nicht darf. Sorry, war ja nur 'ne Idee. Der Wind, ja, der hat's gut ...

Einige Jahre gehen ins Land in Eiderstedt. Jeden Tag hoffe ich, Ihn zu sehen. Jeden Tag bitte ich Gott, ich möge Meinen noch einmal wiedersehen. Und das Leben geht weiter. Die Jahre vergehen ... oder ich?

Teil 2
Konfirmation. Heute ist Sonntag. In der Kirche St. Peter wird Konfirmation gefeiert. Ich darf mitfeiern. Gott lädt immer alle Menschen ein, die Großen und die Kleinen, die Dicken und die Dünnen, die Armen und die Reichen - und ganz besonders die mühselig Beladenen. Zu den Letzteren gehöre ich. Ich möchte mitfeiern. Ich darf mitfeiern. Am Vorabend lege ich mein schönstes Kleid bereit. Das Glänzige! Ja, und natürlich die Glitzerohrringe. Auch mein Rad putze ich blitzblank. Es ist soweit. Sonntagmorgen. Um 9.10 Uhr radle ich von Ording in Richtung St. Peter-Dorf.

Der leichte Seewind umschmust zärtlich mein Gesicht. Von fern höre ich die Kirchenglocken rufen: <Fahr' schneller, tritt fester in die Pedalen, wir wollen bald anfangen zu feiern, und du gehörst zu uns, du willst doch mitfeiern!> Stimmt, ich muss mich beeilen, es ist schon 9.22 Uhr. Ich gehorche den Glocken, höre auf sie und erreiche pünktlich die Kirche. Diese ist gut besucht von vielen festlich gekleideten Menschen. Damen tragen Hüte - ein ungewohntes Bild in Eiderstedt. Der Küster, rotblond, ein paar Sommersprossen auf der Nase, fein dunkelblauer Sonntagsanzug, verteilt freundlich, liebevoll ermunternd lächelnd an der Kircheneingangstür die ‹Gottesdienstablaufzettel›. Seine andeutende Begrüßungsverbeugung bewegt mich innerlich. Ich nicke, mich ebenfalls leicht verbeugend, zurück. Wir zeigen einander dankbaren Respekt. Ja, das tut gut.

Konfirmationsgottesdienst - Sonntag in St-Peter-Dorf. Dieser Sonntag ist schließlich ein ganz besonderer Sonntag. Für mich soll er noch ein ganz ganz besonderer Sonntag werden. Noch ahne ich nichts. Konfirmation - confirmare = festigen, mit etwas festigen - den Bund mit Gott festigen. Dies wollen die Jungen und Mädchen heute. Ob ihnen allen das wohl bewusst ist?

Ich betrete den festlichen Kirchraum, nach links und rechts blickend - nach einem Sitzplatz spähend. Nur auf den Schuhspitzen gehe ich. Warum? Na, damit die Absätze meiner Lackschuhe nicht so klappern. ‹Könnten Sie vielleicht etwas rücken›, flüstere ich fragend einer am Rande der Kirchbank sitzenden älteren Dame zu. ‹Ich sitze nämlich so gerne außen, bei meiner Größe kann ich andernfalls nicht so gut sehen.› ‹Klar, ja bitte.›
Ich rücke nach, bleibe einen Augenblick stehen, halte inne, begrüße den lieben Gott, setze mich, mein Kleid glattstreichend. versuchend unauffällig zu sein, blicke ich nach rechts und links. Vielleicht kenne ich ja jemanden. Ich lebe zwar nicht

lange hier, aber immerhin doch eine Weile. Da sitzt ja Frau Röhl. Moin. Moin-Moin. Am liebsten würde ich mich nach hinten in Richtung Orgel umdrehen und etwas umsehen. Vielleicht kenne ich noch mehr Leute. Das mache ich jeden Sonntag so. Nein, nein, heute lieber nicht. Schließlich ist heute ein ganz besonderer Gottesdienst, wiederhole ich in Gedanken. Es ist doch der Konfirmationsgottesdienst. Die Kirchenglocken läuten, nein, sie singen. Der Gesang der Kirchenglocken begleiten den Einzug der Konfirmandinnen und Konfirmanden. Sie gehen in Zweier-Gruppen, an der Spitze der Herr Pastor.

Da! Fast vergesse ich zu atmen. Da! Da ist Er. Er ist inzwischen ein junger Mann geworden. Heute trägt er keine gekringelten Kniestrümpfe, nein, nein … Heute trägt Er einen feinen Anzug und dazu eine dezent farbliche Krawatte. Ja, hier ist Er. Die Konfirmandengruppe bewegt sich gen Altarraum. Sie setzt sich auf die für sie vorbereiteten Stühle. Ich habe das Gefühl, ich schwebe vor Freude. Dankbarkeit, gemischt mit Freude, Herzklopfen und Hoffnung tanzen hin und her und auf und ab in meiner Seele und meinem Körper.

Wer ist Er? Zu wem gehört er? Mein Er. Die Kirchenglocken verstummen. Die Sonne grinst fröhlich durch die hohen an der Seite hochragenden Fensterscheiben. Es wird gesungen, gebetet, gesprochen, geraschelt, geschnupft, gehüstelt, getuschelt, genickt, ge … Ein paar Reihen vor mir sitzt eine junge Frau. Sie fällt mir auf. Immer wieder kullern dicke Tränen über ihr Gesicht. Hierbei neigt sie sich von Zeit zu Zeit zu der von ihr rechts sitzenden älteren Dame. Diese wirkt auf mich warmherzig und mütterlich. Sie zupft an einem Taschentüchlein. Ein paar Sonnenstrahlen tanzen auf ihren Haaren und lassen sie mehr und mehr goldfarben glänzen. Leise tuscheln die beiden. Sie nicken einander liebevoll bewegt - einander verstehend zu. Ob diese ältere Dame wohl ihre Mutter ist, rätsele ich.

Als ob ich Hilfe bräuchte bei der Beantwortung meiner Frage schaue ich mich um. Mein fragender Blick erreicht einen dunkelhaarigen Herrn. Dieser schenkt mir ein Lächeln. Ganz kurz kommt es mir in den Sinn: Irgendwoher kenne ich ihn. Doch schon kehre ich zurück zu meinem Konfirmanden, zu Ihm. Ja, ja, Er sitzt nicht mehr auf dem Bürgersteig, seine Kniestrümpfe sind nicht mehr … Sorry, Herr Pastor, doch ich konnte ihrer Predigt nicht folgen. Plötzlich höre ich diesen sagen: ‹Ihr dürft jetzt Eure Rose zu Eurer Mutter bringen und Euch für ihre fürsorgliche Begleitung bedanken.› Mein Herz beginnt zu hüpfen. Am liebsten würde ich mithüpfen. Zu wem wird Er nun gehen? Mein Herz klopft immer stärker, ja lauter, als würde es vor Freude zerspringen. Alles um mich herum vergesse ich. Zum ersten Mal fühle ich, es gibt nicht nur Herzklopfen, nein, es gibt auch Herztosen.

Da! Eine rote, tiefrote langstielige Rose in seiner rechten Hand haltend, leicht verlegen, freudig lächelnd, schreitet Er auf die einige Reihen vor mir sitzende, von mir die ganze Zeit beobachtete, vor Glück weinende elegante Dame zu. Rose - Küsschen - Umarmung.

Der festliche Gottesdienst ist zu Ende. Die Kirchenbesucher erheben sich und bewegen sich gen Ausgang. Ich bin nicht mehr zu halten. Da platzt es aus mir heraus, laut und deutlich, sodass es alle

Leute hören können: ‹Jahrelang habe ich gerätselt, zu wem dieser schöne Junge wohl gehört und ...› Strahlend vor Glück, sich bei dem dunkelhaarigen Herrn einhakend, jubelt mir die von mir während des ganzen Gottesdienstes beobachtete Dame zu. ‹Er gehört zu uns.›

Er ist Tom! Und unhörbar leise schreie ich zu Gott: ‹Werd' ich Meinen jemals wiedersehen?›

Kommentar

Ja, ich habe Meinen wiedergesehen, ich habe ihn sogar großgezogen mit allem Drum und Dran. Mein Tom heißt Kevin.

Die roten Schuhe

Woa ... ist das kalt draußen. Schon zum dritten Mal geht sie um ihr kleines Holzhäuschen am Stadtwald. Sie möchte nämlich gerne sehen, ob das von ihr liebevoll weihnachtlich geschmückte Haus von außen ebenso schmuck aussieht, wie von innen. Sie nickt zufrieden. Vom Himmel tänzeln Schneeflöckchen herab. Leise und bedächtig säuselt der Wind durch die Tannenwipfel. Es hört sich so an, als erzählten sie heute einander etws ganz besonders Wichtiges. Sie stapft zur Hauseingangstür zurück, klopft tüchtig ihre Schuhe ab. In ihrer Wohnstube ist es urgemütlich. ‹Ich könnte noch ein paar Holzscheite auf's Feuer legen.› Da fängt es tüchtig zu knistern an. Nur in der guten Stube wird geheizt. In der Kammer zieren Eisblumen die Fenster. Macht ja nichts. Das Federbett spendet nachts ausreichend Wärme.

Es wird spät und später. Von St. Laurentius hört sie die Glocke rufen, zehn Mal. Am Himmel leuchtet der Vollmond. Das ist gut und hilfreich. Denn heute am Heiligen Abend sind viele Leute im Dorf unterwegs, erst zur Christmette und dann zu Verwandten und Freunden. Auch zu ihr ist jemand unterwegs. Es läutet an der Tür. Sie spürt ihr Herz deutlich klopfen. Da steht er nun vor ihr. Der kleine Junge mit den krausen Haaren. Er ist ganz blass. Und Augenringe hat er auch. Fragend schaut er sie an. Seine schwarzen Kulleraugen, der Ausdruck dieser, bewegen sie sehr. Sie fühlt in ihrem Körper seine Seele schmerzen. Viele Worte brauchen nicht gesprochen zu werden. ‹Komm›, sagt sie zu ihm, ‹setz Dich doch erst einmal. Deine große Tasche können wir später auspacken. Wie heißt Du denn, mein Kleiner.>Dabei weiß sie doch genau, wie sein Name lautet.

<Ich bin Georgi>, flüstert er hinter seiner vorgehaltenen rechten Hand. <Georgi, ein schöner Name, ein sehr schöner Name,> haucht sie liebevoll zurück. <Georgi>, nickt sie, und sie spürt ihr Herz wieder ganz deutlich klopfen. Sein weißgrau gestreifter Pullover hängt schlaff an ihm herunter. Er ist ein paar Nummern zu groß. Aber was macht das schon. Die Hauptsache ist doch, Georgi ist nun gut bei ihr angekommen. Ja, jetzt ist Georgi bei ihr.

Sie wird ihn schon aufpäppeln, nickt sie sich ermutigend zu. Kann man sich selbst ermutigend zunicken? Ja, das kann man! Man bejaht sich dabei selbst. Man sagt ja zu sich. <Aufpäppeln>, welch' ein tiefsinniges Wort. Und neue Gedanken, sie kuschelnde Gedanken wandern durch ihre slawische Seele, und sie halten an. Sie berührt das Wort Aufpäppeln, nimmt es in ihre Hand und betrachtet es von allen Seiten und schaut in sein Herz.
AUFPÄPPELN. Sie entdeckt – deckt auf, dass hierin das heilige Wort lebt:

Papa = Vater lebt
einen Papa haben
einen Papa haben, der einen lieb hat
einen Papa haben, der einen aufnimmt
einen Papa haben, der einen aufhebt
der einen zu sich auf-nimmt
einen Papa haben, der einen aufpäppelt.
Ja, so einer ist ein Papa!
Georgi kennt viele Leute. Georgi kennt viele sogenannte Familien. Georgi weiß, was es heißt, herumgeschubst zu werden, von einem zum anderen. Ein

Postpaket ohne Empfänger. Viele schauen es sich an, doch niemand will es haben. Niemand fühlt sich verantwortlich. Nicht - verantwortlich - Niemand gibt eine Antwort. Niemand gibt sein Wort. Niemand gibt jemand sein Wort. Da sind nur Keiner, Niemand und Allein. Seine Weggefährten sind Keiner, Niemand und Allein. Da sitzt er nun vor ihr. An seinen Füßen trägt er leuchtend rote Schuhe. Georgis rote Schuhe. ‹Du hast sicherlich Hunger›, tönt sie leise, liebevoll fragend und dabei fühlt sie ihre Augenbrauen gen Stirn aufsteigen, so dass sich Kummerfalten auf dieser formen. Georgi indessen lässt keinen Ton verlauten. Seine Lippen drückt er fest aufeinander.

Sie spürt kläglichen Protest. Er nimmt keinen Blick von ihr. ‹Ist doch klar, dass Du hungrig und durstig bist von Deiner langen Reise.› Und dabei streicht sie ihm sanft, ganz sanft mit ihrer rechten Hand über seine Haarkrause. Und dabei fühlt sie etwas ganz Sonder-Wunderares. Sie fühlt, wie ihre rechte Hand immer leichter wird. Bald spürt sie diese kaum noch. Ihre rechte Hand gleitet wie von Engels Hand geführt und getragen über Georgis Kopf. Nun fühlt sie es wieder, dieses Herzklopfen. Und sie hört eine liebevoll väterliche Stimme, eine wunderbare Stimme: ‹Ich werde Dich begleiten, wohin Du auch gehst. Ich werde Deine Hand halten, was immer Du auch tust. Ich bin mir ganz sicher, Du wirst Deine Hand stets zu mir ausstrecken, dann kann ich sie ganz fest halten und Dich sicher über alle Abgründe Deines Lebens führen. Du wirst niemals tiefer fallen, als in meine Hand und diese ist warm.› Sie zuckt zusammen. Dreht sich zitternd fragend um. Aber niemand außer Georgi ist zu sehen. Inzwi-

schen hält er seine Lippen nicht mehr zusammenge-
presst. Er lächelt. In seinem Lächeln spiegelt sich
Hoffnung. Ja, Georgi, er lächelt zum ersten Mal.
‹Komm›, nickt sie ihm zurücklächelnd zu. ‹Ich ma-
che uns etwas Leckeres zu essen.› Etwas, was alle
Kinder, aller Farben, aller Nationen in aller Welt so
gern essen: Pommes! ‹Ketchup oder Mayo?› ‹Mayo.›
‹Bitte.› ‹Danke.›

Wieder schauen sie seine zwei Kulleraugen fragend
an. ‹Ja, greif nur zu. Du darfst so viel essen, wie
Du möchtest. Du darfst sie alle haben. Es sind doch
alle Deine Pommes. Und Du darfst sie ruhig mit Dei-
nen Händen essen. Du hast sie doch gewaschen. Und
wenn nicht, was macht das schon.›
Zögerlich, sehr zögerlich nimmt Georgi einen Pom-
mes nach dem anderen. Da plötzlich, plötzlich isst
Georgi immer schneller. In Windeseile stopft er
sich eine Handvoll Pommes nach der anderen in sei-
nen Mund. Er hat kaum Zeit zum Kauen und Schlu-
cken. Sie tut derweil, als bemerke sie es nicht. Ihr
Blick fällt dabei unter den Küchentisch, an dem
Georgi und sie sitzen. Diese roten Schuhe. Georgis
Beinchen baumeln nicht etwa gemütlich herunter.
Nein, nein, sie schaukeln unruhig hin und her und
her und hin. Wohin wollen diese Beinchen mit diesen
roten Schuhen? Wollen sie etwa fortlaufen? Und
wenn - wohin?

Es ist Abend. Es ist Schlafenszeit. Vom Himmel
turteln Schneeflöckchen. Sie glitzern wie Sil-
bersternchen im goldgelben Mondenlicht. Georgi
ist hundemüde. Er steigt in sein liebevoll bezoge-
nes Bettchen. Das Bettzeug leuchtet fröhlich. Erni
und Bert grinsen ihn strahlend an. Sie werden auch

zukünftig immer zuerst, auch vor Georgi im Bett sein. Wieso? Na, sie gehören doch zum Muster auf dem Bettzeug. Georgi legt sich hin. An seinen Füßen seine roten Schuhe. ‹Du musst doch noch Deine Schuhe ausziehen›, flüstert sie rätselnd.

Georgi blickt rätselhaft zu ihr zurück. Er steht wieder auf. Er zieht seine roten Schuhe aus und legt sich wieder zurück in sein Bettchen. Sie faltet ihre Hände zum Gutenachtgebet. Georgi tut es ihr gleich. ‹Gott, wir danken Dir für alles, was wir haben, Gott wir danken Dir für alle Deine Gaben, beschütze uns auch in dieser Nacht, und send uns einen Engel, der über uns wacht. Amen.›

Kaum hat sie das Ende ihres Gebetes gesprochen, da ist Georgi bereits eingeschlafen. Oder? Vorsichtig – geräuschlos schiebt sie die Übergardinen zusammen - einen Spalt lässt sie offen. Leise schleicht sie aus dem Zimmer und lehnt die Zimmertür an. Auch sie geht nun schlafen. Am dunklen Himmel scheint hell der Vollmond wie eine leuchtende Weihnachtskugel. Wolken wandern an ihm vorbei. Ihnen jubelt der Mond zu: ‹Hey, habt ihr schon gesehen, da unten, dort wo die Vorhänge nicht ganz zugezogen sind, dort lebt jetzt Georgi. Na, ihr kennt doch Georgi, der Junge mit dem Kraushaar, der mit den roten Schuhen. Ja, der hat jetzt ein richtiges Zuhause.› Die Wolken lächeln dem Mond verstehend zurück.

Doch sie wandern weiter. Sie haben wirklich keine Zeit zum Plaudern. Wolken sind schließlich ständig auf der Wanderschaft. Oder hast Du vielleicht schon einmal eine Wolke gesehen, die still steht! Da, plötzlich, der alte Vollmond verkraust sein Gesicht. Er sieht, wie Georgi aus seinem Bettchen aufsteht. ‹Georgi!› Nun zieht Georgi seine roten Schuhe an. ‹Nanu, gefällt es Dir denn nicht bei dieser alten Frau? Willst Du etwa fortlaufen? Georgi, warum ziehst Du denn Deine roten Schuhe wieder an?›

Da, was ist das? Georgi legt sich wieder zurück in sein Bettchen, zieht sein Federbett über seinen Kopf, sodass oben nur noch seine Nasenspitze hervorguckt und unten die roten Schuhe zu sehen sind. ‹Ach ja›, da fällt dem Vollmond ein, was ihm sein Kollege, der Halbmond am ‹Mondwechsel-Leucht-tag› erzählt hat. Ja, er hat ihm doch von dem kleinen Jungen erzählt, der immer seine Schuhe anbehält, wenn er schlafen geht. ‹Daran hätte ich doch gleich denken können›, runzelt der Vollmond seine Stirn und streicht sich über seine schütteren Strahlen. ‹Ja. Ja, ich werde auch nicht jünger - wie viele Jahre leuchte ich schon den Menschen da unten, damit sie auch des nachts etwas sehen können, wenn Frau Sonne schläft und mein Kollege, der Halbmond, dienstfrei hat.›

Inzwischen ist Georgi eingeschlafen. Und er schläft nun ganz fest. Wovon er wohl träumen mag? Das werden wir wohl nie erfahren. Ja, dieser Georgi und seine roten Schuhe. Heute stehen Georgis Schuhe stets vor seinem Bettchen, während er friedlich und geborgen schläft.

Sag mal, wie ist das mit unseren Kindern? Mit Deinen und mit meinen? Haben wir schon einmal darüber nachgedacht, ob unsere Kinder wirklich die ganze Nacht ohne ihre Schuhe schlafen?

Lasst uns dies einander jeden Abend wünschen. Und noch etwas, das Wichtigste überhaupt: Uns allen ist ein Kind geboren. Lasst uns alle, jeder einzelne von uns, stets dafür Sorge tragen, dass ES immer ohne Schuhe bei uns und in uns lebt. Gesegnete Weihnachten.

Kommentar

Ein liebevolles imerwährendes Zuhause ist das Thema. Georgi ist sich nicht sicher, ob seine neue Unterkunft ein Zuhause für ihn wird. Daher zieht er seine roten Schuhe zum Schlafengehen gar nicht erst aus ...

Kevin im Zauberland

Der kleine Kevin lebte glücklich und zufrieden bei seiner Großmutter. Jeden Morgen, bevor er zur Schule ging, und er ging ganz allein zur Schule, er hatte keine Angst, gab er seiner Oma einen dicken Kuss auf die Wange. Er sagte: ‹Tschüss bis nachher und koch' etwas Schönes für mich.› Dann stiefelte er los und überlegte noch einmal gründlich, ob er auch wirklich alle Hausaufgaben erledigt hatte. Seine Klassenlehrerin Frau Krückeberg achtete nämlich sehr darauf, dass die Aufgaben gründlich erledigt wurden. Doch Kevin war sich sehr sicher, er hatte an alles gedacht.

Auf der gegenüberliegenden Straßenseite sah er einen Schulkameraden. Er hieß Alex und war Kevins bester Fraund. Sie gingen nicht in eine Klasse. Aber das war vielleicht gut so. Die beiden heckten sehr gerne lustige Streiche aus. Wären sie noch in derselben Klasse gewesen, das hätte so manches Mal ein schönes Durcheinander gegeben. Jetzt wetteiferten die beiden, wie fast jeden Morgen, wenn sie sich über den Weg liefen, wer wohl von ihnen der Erste sein würde, der den Schulhof erreicht. Kevin kam ganz schön aus der Puste, doch er gewann um Haaresbreite. Das war nur fair, denn am Vortag hatte Alexander gewonnen.

In der 1. Stunde war Malunterricht angesagt. Die Kinder sollten ihr Lieblingstier malen. Kevin musste nicht einen einzigen Augenblick überlegen. Das war doch wohl klar, wer sein Liebling war. Sein kleiner Mischlingshund Larry, der bei Kevins Mama in Hannover lebte. Aber es war Kevins Hund und er lebte, besser gesagt, er wohnte nur bei Mama. Larry gehörte Kevin ganz allein, und er war stolz, dass er einen Hund hatte. Nicht jedes Kind hat einen Hund.

Kevin überlegte, was er wohl zuerst malen sollte, den Körper oder vielleicht den Kopf. Er entschied sich dann mit den Augen zu beginnen. Dann kam die Hundenase, und Stück für Stück ging es weiter.

‹Es ist gar nicht so leicht einen Hund zu malen›, dachte Kevin. Aber irgendwann war das Bild schließlich fertig, und es war nicht einmal schlecht geworden.
Kevin war jedenfalls mit sich zufrieden. Die Lehrerin kam an sein Pult und betrachtete das Bild aufmerksam.

‹So, deine Lieblingstiere sind also Hunde.› ‹Schön, aber das ist nicht irgendein Hund›, erwiderte Kevin … ‹Das ist ein besonders süßer Hund, und er gehört wirklich mir›. ‹Du hast einen Hund, wie heißt er denn?› ‹Larry, er ist rabenschwarz, sehr lieb und klug und jedesmal, wenn ich meine Mama besuche, und er mich sieht, freut er sich so sehr. Er springt an mir hoch, er rennt mich fast um vor lauter Wiedersehensfreude.› ‹Das ist ja interessant›, sagt die Lehrerin, ‹habt ihr noch mehr Tiere?› ‹Ja, 3 Wellensittiche.› ‹Das ist ja ein halber Zoo also›, lacht die Lehrerin und geht zum nächsten Kind.

Die nächsten beiden Stunden ist Turnunterricht angesagt. Kevin mag Sport gern, weil er sich dann so richtig austoben kann. Ersteinmal laufen sich alle Kinder ein paar Runden warm. Anschließend dürfen sie sich aussuchen, was sie machen möchten. ‹Bockspringen›, schreit Kevin. ‹Wir wollen nach Musik turnen›, sagt ein Mädchen. ‹Ich möchte Fußball spielen›, ruft ein Bub. ‹Wisst ihr was›, sagt der

Turnlehrer, ‹zuerst machen wir 20 Minuten lang Bockspringen. Anschließend machen wir Gymnastik nach Musik, und wer dann noch nicht müde ist, spielt noch etwas Fußball. Einverstanden, Kinder?› Mit dem Kompromiss sind alle zufrieden.

Kommentar

Anmerkung: Diese Geschichte hat Kevin nur mit großen Buchstaben und ohne Satzzeichen in der 4. Grundschulklasse mit einer Schreibmaschine auf ein liniertes Blatt geschrieben. Die Klassenlehrerin ist Frau Rosemarie Krückeberg, Schule am Ostertor, Tönning

Frau Müller von Kevin Clottey

Es war einmal eine Mutter. Sie hatte zwei Töchter. Eine davon war ihre leibliche Tochter und die Andere nicht. Diese musste den Haushalt machen und der Mr. Propper im Hause sein. Das Mädchen musste sich täglich auf den Bahnhof stellen und rauchen, was das Zeug hielt. Doch eines Tages wurde ihr so schwindelig, dass sie die Zigarette auf die Gleise fallen ließ. Sie wusste, dass sie Ärger bekam, aber trotzdem rannte sie zu ihrer Stiefmutter und erzählte, was passiert war. Diese erwiderte nur: ‹Du hast die Zigarette hinunterfallen lassen, so hol' sie wieder rauf.› Sie rannte zu den Gleisen und wusste nicht, was zu tun war.

Es waren zu viele Züge, die fuhren. Sie rief die Volksbank an. Die meinten: ‹Wir machen den Weg frei.› Nun konnte sie unbeschwert auf die Gleise, um die Zigarette zu holen. Doch sie verlor die Besinnung und als sie erwachte, war sie in Hamburg.

Sie ging fort und kam an einem McDonalds an und sah eine Mikrowelle mit Pommes darin, welche schrien: ‹Wir lieben es gebraten zu werden, aber wir sind fertig gebraten, zieh uns raus.› Sie zog alle aus der Mikrowelle heraus. Sie ging weiter und sah eine Popcornmaschine, die rief: ‹Drück auf den Knopf hier, ich bin überfüllt mit Popcorn.› Sie drückte auf den Knopf, und es regnete Popcorn. Sie nahm eine Directline-Clever sein-Tüte und stopfte das Popcorn hinein und ging weiter.

Nach einer Weile kam sie zu einem Ikea - wohnst du noch oder lebst du schon, daraus guckte eine Frau. Weil sie aber so große Zähne hatte, hatte das Mädchen Angst und wollte weglaufen. Da rief die alte Frau: ‹Have a break, Have a Kitkat. Du läufst bestimmt schon sehr lange. Ich will dich aufnehmen. Wenn du die ganze Arbeit machst und mir das Bett gut machst, und schüttelst bis die Federn fliegen, dann schneit es in der Welt, ich bin Frau Müller,› ‹Alles Müller oder was›, sprach das Mädchen und kam in das Haus. Sie machte ihre Arbeit sehr gut und wurde auch belohnt. Jeden Abend Twix und Mars und zwischendurch ein Kinderpinguin.

Nun war eine lange Zeit vergangen, sie bekam Heimweh und sagte zu Frau Müller: ‹Ich habe Heimweh und möchte gerne wieder nach Hause.› Da sprach Frau Müller: ‹Sehr gerne› und führte sie unter ein Tor. Als sie dort stand, schaute sie nach oben und schrie: ‹Fruchtalarm›. Doch es war kein Obst, das vom Himmel fiel, sondern Gold, das an ihr hängen blieb. ‹Es gehört dir, für deine Arbeit, die du für mich geleistest hast›, sprach sie zu dem Mädchen und gab ihr auch die Zigarette wieder, die ihr auf die Gleise gefallen war. Das Tor wurde verschlossen, und sie war wieder zu Hause.

Die Sprechanlage auf dem Bahnhof rief: ‹Hurra, hurra, unser gelber Engel ist wieder da.› Es ging zu ihrer Stiefmutter, welche sie gut aufnam wegen des Goldes. Das Mädchen erzählte ihr alles. Doch die Mutter wollte, dass ihre Tochter auch so ein Glück bekam. Sie musste sich auf den Bahnhof stellen, die Zigarette auf die Gleise fallen lassen und hinterherspringen. Sie verlor ebenfalls die Besinnung und erwachte auch in Hamburg. Bald schon kam sie am McDonalds an und sah die Pommes, welche wieder schrien: ‹Wir lieben es gebraten zu werden, aber wir sind fertig gebraten. Zieh' uns raus.› Sie sagte: ‹Ihr kommt mir recht, nachher habe ich einen Fettfleck auf meinem Kleid.› Sie ging weiter und kam an der Popcornmaschine vorbei, die rief: ‹Drück auf den Knopf hier, ich bin überfüllt mit Popcorn.› Doch sie sagte: ‹Dann wären meine schönen Haare voller Popcorn.›

Sie kam zu Frau Müller, die das Gleiche sagte wie bei ihrer Halbschwester. Sie trat ebenfalls in den Dienst von Frau Müller. Sie machte das Bett, wie es vorgeschrieben war und andere Dinge, denn sie dachte an das Gold. Doch schon am zweiten Tag war sie faul geworden. Am dritten Tag tat sie nichts mehr.
Frau Müller war sauer und schmiss sie raus. Als auch sie unter dem Tor stand, kam etwas vom Himmel. Es war aber kein Gold, sondern ein Kessel voller Pech.
Das Tor verschloss sich, und sie war zu Hause. Die Sprechanlage auf dem Bahnhiof rief: ‹Hurra, hurra unsere schmutzige Jungfrau ist wieder da.› Das Pech ging nie wieder ab und blieb solange an ihr hängen, bis sie nicht mehr lebte...

Kommentar

Kevin schreibt ‹Frau Müller› in Anlehnung an Frau Holle. Es ist eine Klassenarbeit. Aktuelle Werbesprüche sollen die originalen Sprüche ersetzen.

Meine Spinne

Originaltextlaut und Zeichensetzung geschrieben auf 15 kleinen blauen linierten Zetteln

23.9.03
Jetzt ist schon eine ganze Woche rum und meine Spinne lebt immer noch. Gestern habe ich ihr wieder eine Fliege zum Essen gebracht. Mal sehen wie lange sie es noch durchhält, den jetzt kommt der Winter und da werde ich wohl nicht so viele Fliegen fangen. Ich werde versuchen Mücken zu

23.9.03
fangen weil es von denen mehr gibt als von Fliegen jedenfalls im Winter. Ich bin sehr gespannt ob sie nach dem Winter überlebt hat. Es kommt darauf an ob ich ihr überhaupt Futter bringen kann. Erstens weil in drei Tagen Herbstferien sind, und zweitens weil ich sehr wenig Zeit habe, und drittens weil die

23.9.03
Fliegen und die Mücken im Winter sterben und wenn es so weit gekommen ist dann habe ich nichts mehr womit ich die Spinne füttern kann. Außerdem weiß ich gar nicht was sie außer Fliegen und Mücken noch so essen.

24.9.03
Was ich mich auch noch frage ist, wie lange überlebt eine Spinne wenn sie sich ganz ganz voll (satt) isst, wie lange kommt sie wol ohne Futter aus? Außerdem wo um alles auf der Welt gehen die Spinnen eigentlich hin wenn es Winter wird. Gehen sie vielleicht in Löcher und verkriechen sich oder was? Oder graben sie sich

24.9.03

ein Loch in der Erde, und kommen erst wieder raus wenn sie merken das die Erde wärmer wird? Auf jeden Fall hoffe ich das sie es den Winter und die Herbstferien überlang überlebt. Es bringt mir sehr viel spaß über eine oder auch meine Spinne zu schreiben, wisst ihr man fühlt sich wie ein Biologe, man fühlt sich

24.9.03

einfach erwachsen, denn ich bin ja gerade mal zwölf. Wenn die Spinne nach den Herbstferien noch lebt werde ich sie wieder in die Natur setzen weil ich finde das das dann schon Tierquälerei ist und eins kann ich sagen ich bin bestimmt kein Freund von Tierquälerei. ich jedenfalls denke sie wird es über-leben.

24.09.03

Erstens weil sie noch drei Fliegen hat, zweitens weil ich ein oder zwei Fliegen fangen werde und drit-tens hatte ich schon mal eine Spinne die zwei Wo-chen über meinem Bett war und keine einzige Fliege gegessen hat,sie war die ganze Zeit nur auf einem Fleck und hat geschlafen oder so.

25.9.03

Hi, da bin ich wieder. Ich habe vor zwei Stunden nach der Spinne geguckt, gute Nachrichten sie lebt,aber das war mir schon klar. Aber jetzt hat sie nur noch zwei Fliegen. Trotzdem finde ich das das ein gutes zeichen ist, wisst ihr auch warum? Weil ich nehmlich jetzt ungefähr weiß das sie die Herbstferien

25.9.03

wird, denn jetz habe ich gesehen das sie mindestens eine Woche und zwei Tage ungefähr für eine Fliege braucht. Wenn sie dann alle Fliegen auf gefressen hat sind schon zwei Wochen und drei, vier Tage um, und danch kann sie bestimmt noch eine ganze Woch ohne etwas zu essen leben. Heute ist Donnerstag und Moorgen beginnen die Ferien

25.09.03
und ich wette das ich Morgen oder Übermorgen noch eine Fliege fangen werde. Zum Glück fahren wir erst am Samstag in die ferien. Ach ja und immer wenn ich in diesen Block hier schreibe ist es so zwischen halb neun und neun und Morgen ist der letzte Abend vor den Ferien, das heißt das ich nur noch

25.09.03
Morgen vor den Ferien hier in diesen kleinen Block über die Spinne schreiben werde aber nach den Herbstferien melde ich mich wieder, also bis Morgen.

26.09.03
Hi da bin ich wieder. Vielleicht werdets ihr mir ja nicht glauben aber ich habe wieder eine Fliege gefangen genau vor einer Stunde habe ich sie gefangen. Ich bin heilfroh, den jetzt brauche ich mir keine sorgen oder Gedanken zu machen das sie villeich sterben wird wenn ich in den Herbstferien bin. Ach ja die Fliege die ich gefangen habe

26.09.03
war lebendig,endlich mal eine die noch wenn ich sie meiner Spinne zu essen gebe, denn die anderen drei Fliegen (fressen) die ich zerdetscht habe waren danach alle drei tot. Außerdem ist mir aufgefallen das sie dicker bzw. Größer geworden ist und das freut mich. Meine Oma packt gerade die Sachen für Morgen früh ihr wisst

26.09.03

ja wir fahren nach Hannover zu meiner Mama. Morgen früh genau umpunkt acht Uhr haben wir uns vorgenommen das wir los fahren allerdings bleibt meine oma hier weil sie noch woanders hin will. Aber mir ist das nur so recht denn ihr müsst wissen sie spricht so viel und mein Opa ist so ein ganz ruhiger Typ der spricht

26.09.03

noch nicht mal wenn man mit ihm spricht. Naja gut er antwortet schon nur halt zehn sekunden später und in der Zeit fragt man ihn noch mal das selbe weilman halt denkt er hat ein nicht gehört. Naja bis nach den Herbstferien dann werde ich euch sagen äh schreiben ob ihr wisst. schon überlebt hat. Bis dann ‹Schüss!›

Kevins lustige Aussprüche

oma+schoki....selten so gelacht!

oma, ist der nikolaus ein mensch? ja!
oma, wie alt ist der nikolaus?
schon ein paar 100 jahre alt.
oma so alt? ich denke, ein mensch wird nicht so alt.
hm.
oma, ich weiß, weil der nikolaus so gut ist, gibt ihm
Gott immer noch ein paar jahre dazu.

oma, thomas hat gesagt, es gäbe keinen Gott.
und was hast du gesagt?
oma, na es muss doch einen geben, wo kommt die
welt denn her? einer muss doch der 1. gewesen sein.
oma, mit Gott darf man doch nicht spielen?
nein!
oma aber nur mal so geistlich, so mensch ärgere
dich nicht oder so. ja, ja.

oma, ich habe aufgepasst wie ein luchs. so so.
oma, meine lehrerin frau hecht hat sich heute nicht
bei mir beschwert. sehr gut.

oma, ich habe ein feuerzeug gefunden, wenn ich das
nicht abgebe, kommt das in mein zeugnis? hm.
oma, ich kann mir Gott gut vorstellen.
er ist durchsichtig und trägt eine kochmütze und
eine schürze. hm.

schoki, in 20 jahren besuchste mich im altersheim.
oma klar, und da kommen die alten, und denen gibs-
te dann nachhilfe. o.k.

oma, weiß Gott, was ich morgen machen werde?
er weiß doch noch nicht, wie du dich entscheiden
wirst.

schoki, wie heißt der wichtigste spruch?
oma, das ist ist dora et labora.
schoki, ora et labora=bete und arbeite.

oma, nils meint, es gäbe keinen Gott, er könne ihn
ja nicht sehn.
und was hast du gesagt?
ich hab' gesagt, Gott ist durchsichtig, davon kommt
das.

oma, frau paulsen hat gesagt, an diesem ascher-
mittwoch wird wieder gefeiert.

oma, wenn wir alle von adam und eva abstammen,
wieso gibt es dann schwarze menschen?

oma, deutschland ist nicht so groß, und trotzdem
kann man sich verlaufen.

oma, marius' nachbarn haben sehr schöne blumen im
garten. welche denn?
oma, da sind dornrosen, dornbüsche und pfifferlinge.

oma, krieg' ich noch ne scheibe brot? denk' an dei-
ne speckfalten. auf der klassenfahrt willst du doch
schlank sein.
oma, gib mir doch noch ne scheibe, schau in meine
treulichen augen.

oma, ich hab hier einen brief von meiner klassenleh-
rerin. ich war der beste. wie meinst du das?
oma, ich war der beste im falten.

oma, ich habe mit einem mädchen telefoniert.
na und?
oma, ich wusste gar nicht, wie schwer es ist mit
einem mädchen zu telefonieren. wieso?
oma, es war so komisch, mein herz hat so doll ge-
klopft.

oma, ich musste ins krankenhaus. dort habe ich ei-
nen verband bekommen. der nervt. dann mach ihn
doch ab.
oma, muss ich den wieder im krankenhaus abgeben?

oma, ich bin schon sehr gut in der schule.aber ich
muss mich noch häufiger melden. und wie nennt man
einen, der sich oft meldet?
oma, das ist ein dauermelder.

schoki, mein tinnitus klingelt.
oma, dann mach doch auf.
schoki, ich esse heute mal das alte brot, da werde
ich eher satt.
oma, das ist ganz klar, da haste bald die schnauze
voll.

schoki, stell dir das mal vor. ich habe vorm frisör
mein rad abgestellt. alle meine sachen habe ich im
radkorb liegengelasen. geh rein zum frisör. nach ei-
ner stunde komme ich raus, nix geklaut, alles noch
drin.
oma, das ist ganz einfach, Gott hat alles unsichtbar
gemacht, bis du wieder draußen warst.

oma, wir haben heute ein diktat geschrieben. habe
leider veilchen mit pf geschrieben.

oma, die frau hat aber augenschwellige augen. scho-
ki, das heißt augenringe.

schoki, bitte nicht in diesem ton.
oma, ich kann nichts dafür, ich bin im stimmbruch.
schoki, das ist ja toll, dass du beim kindervogel-
schießen herzog von tönning geworden ist.
oma, das war toll, alle leute haben mich angejubelt.

schoki, hast du süße negerlocken!
oma, hör auf mit deiner romantik.

oma, mama ruft an, sie sagt, heute sei orkanstärke
11, geht das dann bis 11 uhr?

oma, papa meint, dass mein humorsystem nicht in
ordnung sei. papa meint dein immunsystem.

schoki, du sitzt nun schon das 3. mal in kürzester
zeit auf dem klo.
oma, muss ich beim 4. mal bezahlen?

oma, in biologie habe ich eine arbeit geschrieben.
meine klassenlehrerin meint, der eine satz sei
falsch:
säugetiere bohren ihre kinder immer lebendig.

schoki, geht die mit dem braunen mäntelchen in dei-
ne klasse. ist ja ganz schön affig.
oma, das musst du verstehen, sie ist pubertätig.

schoki, wir lernen heute wieder einen neuen spruch.
ich beginne, du sagst den schluss.
also: lieber den spatz auf der hand...
oma, lieber den spatz in der hand als den käse im
mund.

schoki, heut ist klassensprechtag, also der tag des
herrn.
oma, also ich kann mich nicht beklagen.

oma, stell dir vor, jürgens opa ist gestorben. ihn haben sie nicht in einen sack gelegt. sie haben ihn verbrannt.
schoki, das heißt sarg.

oma, heute haben wir die zeiten in englisch besprochen.
das ist alles ganz einfach, gegenwart und zukunft alles gleich. ich singe heute, ich singe morgen...
schoki, wir fahren heute nach husum.

oma, lies doch mal: mozartstraße, haydnweg, wagnerstraße, haben die hier alle zusammengewohnt?

oma, ich weiß, was ein bestatter ist, das ist einer, der leute vergräbt.

oma, schau doch mal, die beiden , das sind bestimmt einäugige zwillinge. schoki, das heißt eineiige zwillinge.

oma, jetzt habe ich aber wirklich nichts mehr zum anziehen. nur noch diese unterwasserhosen.
schoki, das sind hochwasserhosen.

oma, oma, ich weiß jetzt, was ich werden will. echt cool, da kriegt man ne villa, tolle autos und chice freundinnen. braucht man da abitur?
schoki, wie heisst denn der beruf?
oma, playboy!

Hund und Herrchen

Hund übernimmt Charakter seines Herrn.
Herrchen glaubt dies, hat deshalb seinen Hund so
gern.

Herrchen bleibt stehn.
Herrchen will etwas sehn.

Hund tut es ebenso.
Herrchen ist hierüber froh.

Herrchen läuft nun mit flottem Schritt.
Hund läuft im Gleichschritt mit.

Hund und Herrchen waren also gleich schnell.
Herrchen krault dankbar das Hundefell.

Hund wird angebrüllt: ‹Sitz, aber sofort.›
Herrchen fühlt seine Macht wie an keinem anderen
Ort.

Herrchen gibt Hund ein Stöckchen hin.
Hund bringt es zum gewünschten Örtchen hin.

Hund möchte seinem Herrn am liebsten in den Hin-
tern beißen.
Herrchens Garten mit riesengroßen Haufen voll-
sche ... n.

Herrchen irrt, was er für einen braven Hund er
habe.
Herrchens Verstand gleicht dem einer Küchenschabe.

Hund hielte ihn fit und auch gesund.
Herrchen küsst Hund sogar auf den Mund.

Herrchen begreift wohl nie:
Hund ist o.k. Aber wo bleiben Zeit und Liebe für
Freunde und Fa-mi-li-e?
Herrchen erfährt nie, was Hund denkt in Wirklich-
keit.
Hund und Herrchen bleiben so Freunde bis in alle
Ewigkeit.

P.S.: Herrchen = Frauchen

So nich

Das geht gaahhnich:
Punkt, Komma, Strich.

Fremde kommen in die Fa-mi-li-e:
Das geht niie.

Wir essen uns alleine voll.
Ich schmoll.

Wer immer voll hat seinen Bauch,
weiß nichts von Hunger, Durst nicht auch.

Es passt nicht

1. Einer hat Geburtstag.
Ich bin eingeladen.
Zu zwei Familienfremden ich sag':
‹Kommt doch auch, sättigt Euch den Bauch.›
Einer faucht, das passe nicht.
Unbekannte seien diese zwei.
‹Das ist doch einerlei.›

2. Einer bleibt stehen, brüllt: ‹Nein! Es passt nicht.›
‹Worein?› Einer schreit: ‹Nein bleibt Nein!›
‹Armes Schwein!›

Eine hat Geburtstag.
Sehr alt.
Mir ist kalt.
Gäste sitzen an der Tafel.
Geschwafel.
Alle essen.
Hat man jemanden vergessen?

Die Zimmertür öffnet sich.
Von allein?
Das kann nicht sein.
Eine Verwirrte irrt herein.
Das darf nicht sein !

Eine, das Geburtstagskind, rast mit ihren unbeweg-
lichen Füßen zur Tür.
‹Du passt nicht, Dich habe ich nicht eingeladen, hi-
naus mit Dir!›
Ihre sonst gebrochene Stimme nun laut schallt, die
Tür der Verwirrten
fast an den Kopf geknallt.
Es hat gepasst, beide sind krank und alt …

Sind wir so?

Unsere Mutter muss raus aus ihrem Haus.
Der Hund darf rein in unser Heim.
Unsere Mutter leidet einsame Hiebe.
Den Hund streichelt unsere Liebe.
So sind wir ...
Sind wir so ...?
Wenn wir so bleiben, werden wir leiden.
Uns wird kalt, zittrig kalt, wir sind alt ... bald.

Die Erbschaft

du gute mutter lebst nicht mehr,
dein platz an unserm kleinsten tisch ist leer,
du streichelst nicht mehr unsere hand,
zerrissen ist das verlogene familienband,
es war so reich dein ganzes leben,
hast immer uns pünktlich taschengeld gegeben,
wie fleißig hast du stets geschafft,
nun hat der tod dich hingerafft,

ruhe sanft und weich auf des bestatters kissen,
was wir an dir gehabt, das wir nun wissen,
wenn du auch irdisch bist von uns geschieden,
so ist uns dein konto doch geblieben,

denk' dran, einst werden auch wir sterben,
doch erstmal wolln wir dich beerben,
eigentumswohnung und kohle warten schon darauf,
dein glitzerschmuck, der freut uns auch,
mal sehn, wer nun am meisten kriegt,
na klar, der beste, der anwalt siegt …,

die mutter schaut vom himmel runter,
sie ist stinksauer, da nicht mehr munter,
hätt' ich mein geld doch nur verschwendet,
ich dummes huhn,
kann nichts mehr tun,
es ist zu spät, da nichts mehr geht,

drum sag' ich euch ihr sparsam leute,
haut alles auf den kopp,
und zwar noch heute,
nicht nur in den discounter einkaufen gehn,
geht in die <butike>, den luxus mitnehm,
schlagt zu,

nehmt gold und silber mit,
ob ihr heißt meier oder schmitt,
nicht nur das billigste tut essen,
das kann der hund vom nachbarn fressen,

wenn alle dann das viele geld,
macht euch nichts draus,
was kost' die welt!
dann bewegt euch zur kreditabteilung hin,
dann macht das leben wieder sinn,

nachdem ihr den bankdirektor zärtlich geküsst,
er nickt, was ihr nun wollt, er alles wüsst,
neue kohle auf euer konto fließt,
die erben noch nicht ahnen, das sie beschisst ...

du gute mutter ...

Lörn jur Inklisch

Happy, richtig happy bin ich heute. Super Feeling hatte ich schon heute beim Aufwachen. Job? Nein, dahin muss ich nicht mehr.
Meeting? Auch nicht. Workaholic bin ich auf keinen Fall. Cool finde ich so einen freien Tag.

Sorry, ich habe mich ja noch gar nicht vorgestellt: Gabriele Gran (72), Bestager also!

Shower Gel, ja wo ist es denn? Lotion finde ich auch nicht sofort. O.K. Bodymilk, Peeling, Antiaging Creme, ein kleines Make-up.
Outfit? Pinkglitzernde Leggings und den Steppblazer? T-Shirt darunter wäre wohl doch besser. Stretchjeans im Used Look wäre aber doch geiler - oder?
Twinset? Out, schon lange out. Wow, Trendsetter, ich bin ein totaler Trendsetter.

In-Sein ist ganz wichtig, auch als Granny. Animaldessin, ja, die Leggings mit dem Animaldesign, die wären heute perfect. Top in Crashoptik dazu.

Mein Lover war der edle Spender. Ein Event ist das immer, wenn er mich besucht. Wow! Time-Sharing Job, so einen Job hat er. O.K., alles gut! Top secret! O.K., ich nehme die Used-Look Jeans, in die passe ich wieder. Weight Watcher haben mir zu meiner Topfigur verholfen. Top Model by Heidi Klum and Let's Dance haben mich beeinflusst.

Bodypainting am Eiderstrand, dort könnte ich heute mal mitmachen. Jenny ist bestimmt auch dort.

Cleanaway, ein Riesenauto fährt die Paul-Dölz-Straße entlang.
Cleanaway, was das wohl wieder heißt? Ach ja, die gute alte Müllabfuhr.

Airport in La Palma Mallorca, fällt mir gerade ein, da hatte ich doch mein Deutsch-Spanisch Wörterbuch liegengelassen. ‹Lost und Found›, tröstete mich die Stewardess. Keep smiling, gehen Sie doch in Hamburg zu ‹Lost und Found›, da kriegen Sie das bestimmt wieder. Oldie, bin wohl doch schon eine Oldie, hatte ganz vergessen, dass es an jedem Flughafen ein Fundbüro gibt. Super.

Einen Outdoortag wollte ich ja unternehmen. Go! Pick-up, heute? Ein No-Go wäre dies. Mit der Knatterkiste fahre ich heute nicht. Das Mountainbike ziehe ich heute vor. Bei Carwash habe ich das gestern waschen lassen. Total easy war die Reparatur für mich schon vor einer Woche. Das richtige Know-how habe ich schon lange.

Meine e-Mails muss ich aber vorher noch checken. Ein Mail für mich. ‹Happy Birthday›, sorry, hatte deinen Geburtstag gestern vergessen, love …

Bodyshaping im Fitnessstudio, könnte doch gleich die Gebühr für den Kurs überweisen. Online-Banking, ist doch klar. Megaeasy.

Fastfood packe ich noch in meinen Picknickbag. Cola Light, Cheeseburger, Hanburger für mich und das alte Toastbrot für die Enten im Schlosspark.

Das Smartphone ist ein Must-have. Mein Walkman

und mein Basketball auch. Die Map mit der North-sea Cycle Route darf auch nicht fehlen.

Mein Apartment schließe ich nun ab. Ein Flyer steckt in meinem Briefkasten. ‹Sweet Home›, eine Bau-firma, hat ihn mir zugesandt. Nonsense, absoluter Nonsense, hab' doch schon längst meinen Bungalow. Gechillt habe ich nun wirklich genug. Fullspeed tre-te ich nun in die Pedalen. An Biggi's Fotoshop geht es links vorbei.
An Penny - rechts. Ist ein Discounter. Ein Cash-and-Carry-Markt.

St. Laurentius ist links. ‹Beim Churchhopping kön-nen Sie gerne mitmachen›, steht auf einem Plakat. ‹LÖRN YOUR INKLISCH›, seufze ich, und radle wieder Ultrafullspeed nach HOUSE.

Regentropfen

Jeder Regentropfen erzählt mir eine schöne Geschicht'
Regentropfen geben mir von meinen Toten einen
mir Ruhe gebenden Bericht.

Regentropfen sind meine Himmelsboten
Sie bringen mir wunderbare Nachricht' von meinen
Toten.

Sie sind Grüße aus dem Himmel, ganz herrlich
Sie trösten mich, ist meine Erinnerung mal wieder
beschwerlich.

Tote sind nur tot auf dieser Erde.
Sie sind im Himmel Lebende, glücklich, ohne jegliche Beschwerde.

Ich halte den Regentropfen mein Gesicht entgegen.
Ich spüre sie, ich höre sie, ich empfinde sie als Segen.

Über mein Gesicht kullern sie, gleiten und fließen,
lassen mich von meinen Lieben grüßen.

Sie kitzeln mich, erfrischen, kühlen, benetzen.
Tun Fröhliches vom Himmelsleben schwätzen.

Ich protestier' nie mehr: ‹Hm, schon wieder Regen?!›
Halte meine Augen ihnen wieder und wieder entgegen.

Sanft schließ' ich sie bald zärtlich, öffne ich meinen
Mund.
Fang' an zu träumen, das trägt mich gesund.

Denn ganz dicht bei mir ist nun wieder mein Freund,
mein Mann, mein Kind....
Zärtlich getröstet fühle ich mich, zärtlich wie der
Wind.

Regentropfen sind Himmelsboten.
Bringen mir liebste Grüße von meinen Toten.

So freu' ich mich über jeden Regen,
Bringt' er mir meine Liebsten ummantelt von Got-
tes' Segen.

Meine Kostbarkeit

Was immer auch kommen mag,
heute beginnt mein ganz persönlicher Tag.
Kein Tag ist gewöhnlich.
Jeder Tag ist persönlich.

Schließe meine Augen, komme zur Ruh'.
Meinen Gedanken höre ich aufmerksam zu.
Meine Gefühle sind angenehmer, wenn ich lache.
Mein Tag wird besser, falls ich Gutes mache.

Dieser, mein Tag, ist meine Kostbarkeit.
Kosten darf ich heute von meiner Lebenszeit.
Von etwas kosten, also etwas probieren.
Heute lebe ich, darf meinen Tag studieren.
Geld muss ich nicht bezahlen für diesen Tag.
Egal, was auf mich zukommen mag.
Nicht zu vergessen, ich muss es erwähnen:
Dankbarkeit, Lächeln hiermit bezahle ich, aber
auch mal mit Tränen.

Mein Tag ist eine Kostbarkeit, derselbe kehrt nie
zurück,
Nicht jeder bereitet mir Anerkennung und Glück.
Umsonst, also vergeblich, ist kein einziger Tag.
Gott allein weiß, was für mich gut ist, was immer
auch geschehen mag.

Wie immer, koste ich von meinem Tag.
Was immer er mir auch bringen mag.
Jauchzende Freude und tiefer Schmerz.
Hand in Hand wandern sie durch mein von Gott ge-
liebtes Herz.

ER ist mein Gefährte auf all meinen Wegen.
IHM reiche ich meine Hand, dann wird mein Tag
zum Segen.
ER hilft mir hinaus aus all meiner Not,
ER sorgt für mich, für mein tägliches Brot.

IHM erzähl' ich alles - so auch meine Kummerge-
schicht'.
Sehe diese dann klarer, da in hellerem Licht.
Dieses Licht hilft mir, leuchtet über mir und weit
und breit:

<Jeder Tag ist eine, meine Kostbarkeit.>

Ein Badeanzug Gr. 36 jammert

1. Was ist nur geschehn?
   Wie lange schon hab' ich my Karen nicht gesehn?

2. Wie viele Jahre begleiteten wir einander?
   Und das von Tönning bis Uganda.

3. Sie trug mich voll Stolz in Glück und Not.
   15 Jahre segelten wir zusammen
   mit einem Boot.

4. Meine gelb-rosa Blumen leuchteten ihr
   zur Freud.
   Ich flehe ganz laut, my Karen where are you denn
   heut'?

5. Karibik, Atlantik, Indian Ocean, Mittelmeer,
   keine der Törns war mir je zu schwer.

6. Am häufigsten segelten wir in den USA.
   Karen und ich, ein unzertrennliches Paar.

7. Wollte Karen weder schwimmen noch segeln
   tun, durfte ich in ihrer gemütlichen Koje ruhn.

8. Doch schon bald holte sie mich wieder raus
   in die Sonne,
   und ich freute mich dann immer voller Wonne.

9. Ja, 15 Jahre gingen so ins Land,
   mir ist fast die ganze Welt bekannt.

10. Doch nun, ihr Leute, hört mein Klagen.
    Ich muss euch etwas Trauriges sagen:

11. Ich sitz' jetzt im Dunkeln.
    Was ist nur geschehn?
    Wo ist sie denn hin, my beloved Karén?

12. Ohne ein einzig Abschiedswort ging sie fort.
    Einsam sitz ich nun hier, an einem seltsamen
    Ort.

13. Ich sitz hier mit solchem schmuddeligen Pack
    in einem Altklamottenplastiksack...

14. Ab und zu kommt eine komische Alte,
    schaut hinein in den Sack.
    Schüttelt ihren Kopf, lässt mich immer wieder
    allein mit dem Pack.

15. Das tut sie nun Tag ein Tag aus.
    Langsam verzweifle ich, halte es nicht mehr aus.

16. Ja, das tut sie nun viele Mal,
    ich kann nicht so weit zählen, kenne nicht diese
    Zahl.

17. Doch da, was hör' ich plötzlich,
    kaum zu glauben ihr Leut,
    die Alte kommt, glotzt in den Sack,
    schnappt mich ganz schnell wie ne Beut'.

18. Geht hinein in ihr Haus
    Zieht sich splitternackt aus

19. Zieht mich dann mit ganz viel Mühe,
    immer wieder seufzend, an,
    ich tue mein Bestes, dehn' und streck' mich,
    so gut ich kann.

20. Dann stellt sich die Alte strahlend vor
    ihren Spiegel hin,
    Hilfe! Ich frag' mich, ob ich das noch bin?

21. Ihren Po und ihren Busen halt ich nun mit
    letzter Kraft fest,
    der Dame Speck ist nun tüchtig
    zusammengepresst.

22. In alle Himmelsrichtungen tu ich nun feste
    stretchen,
    ihren Sophia Loren Busen in meine Minikörbchen
    quetschen.

23. Mein Leben ist nun sehr ‹schwer›,
    aber auch wunderschön,
    ich fang' wieder an, die herrliche Welt zu seh'n.

24. Ruhe zwischendurch manch' erholsame Stunde
    schon,
    bei der unerwartet netten Dame in der Sonne
    auf ihrem Balkon.

Der Verzicht

Nach 20 Jahren wurde ihr klar,
wie das mit dem Verzichten war.

Von Stress und Arbeit benommen,
hatte sie nicht viel mitbekommen.

Der Anwalt, legte seine Stirn in Falten.
Sie irrte, alles bliebe doch beim Alten.

Auch die Trennung aller Güter
erregte niemals ihre Gemüter.

Eines Tages jedoch war sie erwacht
Da hat's in ihrer Seele laut gekracht.

Was nun, was tun, ist es zu spät?
Niemals! Ihre Vergangenheit rät.

Schrumplige pelle, glatter kern

es ist wieder so, als wär' ich 18, auf das wochenende wartete, samstag, letzter schultag der woche, mit lachen startete. 12. klasse, immer verliebt, ein chices schulmädchen, lebte in der herzogstadt celle, einem romantischen städtchen. Besonders am samstag unsere klasse kicherte und alle viel lachten, freuten uns, zu montag wir nie hausaufgaben machten. fragten uns, ob der freund wohl nachmittags kommen mag, samstag, ob regen ob sonne, unser schönster wochentag. aufmerksam hörten wir dem lehrer nicht mehr zu, tuschelten, quatschten, kicherten, eine meinte, sie hätt' neue schuhe, fragten, was würde der freund wohl zu diesen sagen, wäre er so nett wie in den zurückliegenden samstagen? ich zog natürlich den neuen pulli an, das lag doch nah, damit man meine kurven klarer sah.

wartete auf den karmann ghia in weiß oder fiat 500, hauptsache mein freund hat mich in meinem pulli bewundert. stets achteten wir, ob der freund ein auto wohl hat, mit einem radfahrer gab man sich gar nicht erst ab. schüler, na ja, das ging eventuell noch, aber besser noch ein student, das musste er sein, doch doch! wie oft lief ich zum fenster hin, schon wieder es war die nachbarin im auto drin. nun aber endlich ein wagen in weiß, das müsste er sein, wieder nicht, so ein sch...

doch jetzt, na klar, dieser motor hatte den richtigen klang, ich sofort anfing, unsere hymne ich sang: walk right in- da ba du da..., er war es, endlich ja ja ja. schneidig die bügelfalte seiner hose, in der hand ne rote rose. schnell meine lockenpracht zurechtgerückt, lippenstift, der knalligrote machte ihn immer verrückt.

was ist denn geworden aus mir, inzwischen eine schrumplige oma? irre dich nicht mein leser, der kern ist noch glatt, bin immer noch verliebt, liege noch lange nicht im koma...